每一次見面，
都是久別重逢。
祈願與您的相識，
能夠利益到您。

寄語：

每個人都想要獲得平安，但是「平安」不是無緣無故來的，冥冥之中要有非常多的保護力量，才能保護我們平安。

那這個保護力量是什麼呢？答案是：陰德。一個有陰德的人，總能在遇到逆境的關鍵時刻，化險為夷。

這就是陰德在發揮著重要作用，關鍵時刻跳出來，成為你的金鐘罩鐵布衫。

行善不為人知，即為陰德。無形的陰德將支撐著有形的存在。讓別人有所得，才是修我們自己的德。願所有人都能在身處逆境的關鍵時刻：有驚無險，虛驚一場，化險為夷！

小焓肺腑之言

二〇二四年 一月十三日

一切外境的顯現　皆來源於你曾經的印記

所見唯自心
外境不可得

所有發生
皆為你而來

知名文化博主
小焓 著

古籍書局
THE ANCIENT WORKS BOOK LIMITED

所有發生 皆為你而來

作　　者：小焓　著

責任編輯：謙　和

裝幀設計：抱一工作室

出　　版：古籍書局有限公司

香港尖沙咀金巴利道 53 號

E-MAIL：qiandedushu@qq.com

發　　行：香港聯合書刊物流有限公司

香港新界荃灣德士古道 220-248 號荃灣工業中心 16 樓

印　　刷：深圳遠東包裝有限公司

廣東省深圳市龍華區龍華街道龍苑大道聯華工業園

版　　次：2024 年 12 月第 1 版第 1 次印刷

定　　價：HK$ 78.00　NT$ 320.00

ISBN 978-988-70850-0-3

Published in Hong Kong，China

推薦序一

小焓仁者，於人生困惑之際，得遇善知識指引，而修習聖賢文化，誠敬篤行，獲益良多。進而發廣大心，於今日之自媒體，弘揚聖賢文化，俾令見者、聞者，咸得利益，其行令人讚歎，其心至誠無妄，故而感人至深，影響至廣。睹其新作，皆有感而發，非虛浮之論，其文簡要，其理切近，尤契今日眾生之機，實乃今日青年學習聖賢文化入門之要階。願識者寶之。

——出版人、香港古籍書局社長
《群書治要續編》主編　蕭祥劍

推薦序二

兩年前，一個朋友向我推薦了小紅書上一位博主的視頻。內容是一個美麗的女子在推廣傳統文化，並且她還特別推薦了我寫的書。

我仔細看了朋友推薦的視頻，不禁被深深震撼。這位清新脫俗的女子對傳統文化的精粹竟然如此通達，驚喜之餘，我毫不猶豫地聯繫上了這位博主——小焓。

經過多次深入的交流，我深刻感受到了小焓那顆爲往聖繼絕學的心，因此我向小焓介紹了我的朋友圈，和更多的志同道合的朋友們一起繼續成長。

市面上太多太多身心靈方面的資訊，但其中有相當一部分卻魚龍混雜，良莠不齊，讓人無從分辨。其中隱形危害最大的，莫過於那些套用聖人教言，卻摻雜許多自己的似是而非觀點的視頻、文章和書籍，這是非常容易把人引入歧途的。

然而，小焓傳播的知識卻截然不同。它們全部都來自於清淨的傳承，並結合了她個人的實踐經驗。她並沒有發明一些標新立異、引人眼球的觀點，這點尤爲難能可貴！

更讓我感動的是小焓對粉絲的那顆眞誠付出的心。我們和小焓一起創立了一個品牌，來推廣與傳統文化相關的產品。在這個過程中，我才深刻體會到小焓對產品品質是多麼地「挑剔」，而對粉絲的呵護，更是遠遠超出了我的預料。

有一次，我們的一個產品寄到粉絲手中後，有幾個粉絲留言：「產品倒是不錯，只是包裝有點擠壓了，不太美觀。」小焓得知後，立刻通知客服給客戶包郵補發一套全新的產品，並特別強調一定要注意包裝好。同時，客戶手上的那套貨並不用退回。當時我都有點詫異了，偷偷地問小焓：「要是退的人多了，我們受得了嗎？」小焓堅定地說：「那不管了，一定要服務好客戶。」我一直自詡學習傳統文化的時間比小焓要長，應該比她學得好一些。但這一對比，我相當汗顏。更讓我驚喜的是，小焓的粉絲們並不接受我們補寄的產品，反而給予我們鼓勵和祝福。這是一波雙向奔赴的真誠和善良，應該是電商平臺上罕見的吧。

從這次經歷中，我深刻領悟到：有什麼樣的博主，就能帶出什麼樣的粉絲。小焓給我上了生動的一課。

現在，小焓的視頻整理成書出版了，我欣慰莫名，正所謂：「一時勸人以口，百世勸人以書。」希望更多的小夥伴們能夠從小焓的書中獲益，迎來自己幸福圓滿的人生。同時，我也更祝願小焓，在傳統文化的路上繼續深入地走下去，造福更多的人們。

衷心祈願：天下不再有戰爭、饑荒、貧窮、疾病、痛苦和災難，願所有的人們都健康、平安、幸福、吉祥！

——《小女生職場修行記》作者　水青

推薦序三

認識小焓是在小紅書上很偶然的時候刷到了她的視頻，而那時也恰逢《風吹半夏》即將開播。當時看小焓的視頻太驚訝了，怎麼可能有一個人活得那麼通透，又怎麼能把那麼深奧的聖賢文化講得如此通俗易懂，而且還是具有實操性質的。於是我開始關注她所有的直播、所有的視頻，買她推薦的書。雖然我一直喜歡看紙質書，但這麼多年來似乎忘記了初衷，直到最近又被小焓重新喚醒。

生而爲人，我們都會遭遇不幸。我希望大家不要等事情發生了再去尋找方法和對策，而是要從現在就開始學習，去了解如何對治那些不幸。

我一直以爲一個人的力量和影響力是有限的，但直到我認識了小焓，我改變了這個看法。我甚至覺得她這一輩子是有使命的，就是爲了來傳播聖賢文化的，因此我特別感謝小焓。

當你困惑迷茫的時候，當你遭遇人生低谷的時候，一定有人可以陪伴你、給你指路，這個人就是小焓。

——《風吹半夏》總製片人　蔡莉

目錄

焓言焓語

目錄

生如逆旅　高維方可遠航

生活處處是修行

德者本，財者末

心安即是歸處

家人閑坐，燈火可親

小焓精選・百問百答

焓言焓語

祈願不論我多麼無知，
總是能朝著正確方向前行。

積福！轉運！改命！最快的方法：

是傳播聖賢文化，
在根源上救人慧命，
所有因你的傳播而去踐行的人，
所產生的福德都會回流給你，
這才是躺賺「福報」。

眞正頂級思維！傳授於你

分享一種頂級思維，你若能琢磨透並在自己的生活中加以運用，會有頓悟之感。

古時候，有一位精通術數的人，有一天他的馬跑到胡人那邊去了，大家都來安慰他，他卻說道：「爲什麼就知道這不是福運呢？」過了一段時間，他的馬帶著胡人的駿馬回來了，大家又來祝賀他，他又說道：「爲什麼就知道這不是禍端呢？」果然有一天，他的兒子騎著駿馬摔斷了雙腿，然後大家又過來安慰他，他還是沒有傷心，又說道：「這說不定是福運。」果然，後來胡人大舉入侵邊塞，國家強制徵兵，村裏健康的年輕男子死了十之八九，唯有他的兒子因爲腿斷了的緣故，得以保全性命。

有德者必有財，因為財跟著德走。

頂級思維的雛形已經出來了：禍福相依，任何事物都有兩面性。福兮禍之所伏，禍兮福之所倚。任何一件事情，福與禍同時存在，相互依存，互相轉化。所以任何看似壞的事情，也可能引發好的結果，而好事也可能引發壞的結果，其變化不可思議，難以捉摸。

落實到生活，對待任何人事物，要把「是」跟「非」，合起來想，不要分開來看；把「好」跟「壞」，合起來想，不要分開來看；把「善」跟「惡」合起來想，不要分開來看。想到「一定」馬上想到「不一定」，想到「不一定」馬上想到「一定」，不公平才是真的公平，公平就是不公平。轉心轉念忽登頂，一劃開天空空空。

一日你擁有了這種高難度的思維，就會有更強大的能量來應對你後續人生中可能會出現的一切風雨。接下來即使發生再抓馬狗血的事情，你都可以迅速覺知到：同樣也有好的一面同時在發生。具體好的一面是什麼，也許你無法洞悉，但其實沒關係，因爲知道或不知道並不重要，它必然存在，這是三維空間的客觀規律：陰陽一體。不以人的意志爲轉移。

即使在最痛苦的時候，依然會有光明的存在。當禍來的時候，福就埋在中間；當福來的時候，禍就在裏藏著。

總有一天你會發現，回過頭來看，自己過去經歷的一切，都是最佳利益。

將身調輕鬆，將心調柔和。

因你招待了天下人，天下人亦招待你。

我苦出來的秘密

有些人看著我現在表面蠻光鮮的，「哎呀，你是個博主啦。」但實際上，我這幾年的眞實人生景象，猶如一個垃圾場。因爲過得好的人基本不會來找我，來找我的都是負能量，反而我做了這個「博主」之後，加倍體驗到了各種人間疾苦。

這又回答了另外一個問題：「爲什麼你的每一篇視頻都是爆文？」因爲全部都是眞人眞事以及我自己的親身體驗。傳播知識的人，只有親身體驗過並分享出來的內容，才是最有靈魂的，才會讓更多人產生共鳴。總的來說，都是「苦」出來的。

我「苦」出來一個天大的秘密：很多人所謂的「苦不堪言」，其實是自己的思維帶給自己的，而不是事件本身。事件本身帶來的「苦」是有限的，而你老是思慮，大事小事在那來回地想，正是這些「想來想去」帶來的「苦」才是無限的。可以總結爲：事件本身帶來的「苦」是有限的，而思維帶來的「苦」是無限的。

這時候會出現質疑：「那麼多事情，不需要反復地去想嗎？」

首先從宏觀來看，你的命運劇本早已存在，你只是順著原定軌跡往前走罷了，跟你想與不想關係不大。而你反復地想來想去，這實則是凡夫天大的誤區，也是煩惱眞正的來源。世上本無事，庸人自擾之。

運用到生活裏，不管你現在遇到了什麼卡點，都不要去反復思維、想來想去，而是該幹嘛幹嘛，正常吃飯正常睡覺正常工作，把「想來想去」這個步驟徹底去掉。你會驚訝地發現，你沒有什麼煩惱。

這時候又會有質疑：「那總要有個結果吧？」

人生是來體驗的，不是來演繹完美的。

其實最好的結果不是你能想出來的，而是「靜出來」的。著急卽是業力，一旦忘失覺知，被情緒調動，劫數就會隨之而來。而若能沉住氣眞正靜下來，就能生大智慧，這卽是「靜定慧」。當智慧的光芒發出時，你就會擁有無窮無盡的能量，這卽是「事緩則圓」。故：萬般劫難，靜可「保命」。

那如何「靜」呢？首先我們不要把情緒當成是一個敵人。很多人都希望能夠把所有的情緒都去掉，這其實是不可能的事情。情緒或者念頭的產生都是自然的，這是每個生命的一種本能，一定會有這樣的現象發生。而最好的方法是：妄念若起（不怕念起），知而勿隨（就怕覺遲）。

當負面念頭產生的時候，如果你指責批判它，那就像是給負面念頭充電；而如果你什麼都不做，只是看著它，就會讓這些念頭的電量自動消耗掉。這樣做的話，那些負面情緒、念頭就不會對我們產生很大的危害。

當你眞的靜過之後，你會神奇地發現，答案眞的出來了，或者也沒有什麼問題了……而且從更高維來看，你想要的一切答案，都會按照你的命運劇本，在本該出現的節點自動顯現。所以你根本不需要反復地思維，想來想去，這只會給負面念頭充電，增加精神內耗。從現在開始，深呼吸，把心鬆開，讓心靜下來。

真正對你好的人，未必是給你錢的人，而是讓你發菩提心的人。

這個房間，是我最開始
傳播聖賢文化的地方。
不忘初心，方得始終。

誰的福報大，誰的能量就大

這幾年我也在研究苦難，我發現苦難的殺傷力到底有多大不取決於苦難本身，而取決於是誰在承受。同樣一份痛苦，於高僧大德而言可能如微風拂過般，可是於你而言，就痛不欲生。這足以論證，苦難本身是空性的，它本不垢不淨不增不減，而你之所以痛不欲生，是因爲你的內心不夠強大。

再比如，把一把鹽倒進一瓶礦泉水裏，你喝一口就會覺得很鹹，但把這同樣一把鹽倒進大河裏，舀起一瓢水你再喝，你就覺得沒啥味道。其實痛苦就相當於這把鹽，它的鹹淡取決於盛它的容器，你想當礦泉水瓶，還是大河？

苦難一旦發生，苦難本身是改變不了的，但你能改變自己。當你自身變

一句真話比整個世界的份量還重。

得如大河一般強大時，曾經那些相同的苦難，於升級後的你來說，就變得不痛不癢了，這卽是「境界一旦提升，問題立刻消失」。

有女生找我訴苦，遠嫁後，在男方家受苦，老公出軌不顧家，婆婆也給她眼色看，自己又沒能力，還要帶孩子……其實這種情況眞的還挺多的，但我只能告訴你，如果暫時什麼都改變不了，那麼只能先受著了，還得認賬。因爲如果你過去沒有種下過與之相對應負面的種子，也確實不會有當下的經歷體驗。而且認賬以後，自己的心態也會有正向的改變，起碼會減少很多抱怨。在認賬的同時，也一定要盡自己一切可能，默默提升自己的福報。

誰的福報大，能量就會大，當你自身能量變得很強，你身邊的一切人事物都會潛移默化地發生你意想不到的正向改變。修福極其重要！很多人可能比較清高，不重視福報，認爲讀智慧典籍更重要，但是多少人根本達不到智慧典籍那個境界，而要想達到那個境界需要更大的福報。你求智慧，不修福報是不可能的，因爲沒福報的人也不可能有智慧，福報是一切的前提。「得到」主要靠的是福報，「放下」需要的是智慧。福報易得，智慧難求。進一步說，得到智慧需要更大的福報，而多數人福報不夠。

這就很好地解釋了，爲什麼很多人沒有智慧的光明？因爲沒有福報。爲什麼遇不到好的善知識？因爲沒有福報。所以福德資糧要放在智慧資糧的前面，福德生智慧，智慧反作用於福德。福報爲王！

時時幫助別人，處處爲別人好，以眞誠、親切、同情、和善、慈悲心去待人接物，這卽是「給福報充值」。

把自己的焦慮煩惱先放一放，把精力傾注在能爲這個世界做點什麼，能爲別人做點什麼。而且最重要的是：當下就要去做，不要幻想等以後有時間再去做更多。

想要什麼，最穩妥的方法是讓自己配得上它。

感恩每一個可以讓你幫助的人，是他給予了你種福田的機會。

前臺妹子就是我

其實我的起點很低，剛畢業之後我的第一份正式工作，是一家互聯網公司的行政前臺，那會兒我跟個傻子一樣，可以用「很傻很天真」來形容。作爲前臺，需要幫公司收發快遞，而我連快遞面單是什麼都不知道……領導還讓我和保潔阿姨一起去換廁所的紙，很多同事也不叫我的名字，直接叫我「前臺」，平時也會有些不懷好意的人來調侃我、挖苦我、諷刺我。我記得當時有一個HR，她號召同事下班一起去酒吧玩，然後當著我的面說：「就不叫靜靜去了（靜靜是我），她工資那麼少，打車費都出不了。」這些扎心的話，雖然我都默默消化了，但是自卑心理在那會兒已經發作得不行了，爲什麼人家能做HR，能做運營，而我就得在前臺被人看不起呢？

總之，在做博主之前，我的職場經歷可以用低迷來形容，看不到任何希望，每天如同行屍走肉一般，根本不知道自己想要什麼，也不知道工作的意義除了拿一份工資之外還有什麼？直到有一天，我得了讓我痛不欲生的焦慮症，長期失眠生不如死……但沒想到卻也因禍得福，在尋求自救的道路上，被先賢留下的聖賢文化給洗禮了，感覺心突然不痛了，也不焦慮了。因此我發了大願：傳播聖賢文化！就在那一剎那，我的生命發生了深刻而永恆的改變，這個大願成爲了我人生的轉折。

剛開始傳播的時候，我身上一點錢都沒有，還欠著幾千塊錢，住在老破小，但是我竟然敢整天輸出大道理，甚至跟大家分享「財佈施得財」……現在回想一下，我也蠻佩服自己的（臉皮夠厚）。我記得前幾年我出了一個視頻講財富的秘密，有個人在我視頻下留言：「我的天呢，她自己都沒錢。」但是我卻不以爲意，依然信心滿滿地傳播我認爲的正知正見，因爲我對這

智者的出現，是對你智慧的確認。

套智慧有100%的信心，雖然那會兒我還沒有顯化……但是我一直憋著一股勁，我一定要翻轉，我要發財。所以私下裏我一直在暗戳戳去佈施、捨財、行善。

時至今日，當年的那個前臺妹子終於翻轉了，這一切都是聖賢文化給我的，沒有聖賢文化，就不會有現在的我。希望我的經歷，可以給到很多起點低的人一些信心，不管你是所謂的廠妹，還是飯店服務員，還是沒學歷的打工仔……你都可以通過踐行聖賢文化而華麗轉身，成爲你想成爲的人。

現在很多人都在修慈悲與智慧，但我覺得力量與勇氣同樣重要。當年我敢於站出來傳播聖賢文化，完全依賴於宇宙賦予我的力量與勇氣，現在我把這份力量與勇氣傳遞給你，希望每一個你都能徹底活出來。

以下分享四個關於我做博主的心得：

第一，不忘初心是核心。不忘初心，方得始終，初心易得，始終難守。

不忘初心，方得始終，若忘初心，幻湮迷滅。永遠要保持清晰的頭腦，你的初心是什麼？迷茫的時候，想想自己的初心，瞬間就歸位了，一旦不忘初心，這就是順應道，那麼道就會回饋你，反之，竹籃打水一場空。

第二，粉絲利益，永遠高於一切。一切出發點，必須以利益粉絲爲導向。

第三，善用影響力。人一旦有了一些影響力，較容易滋生傲慢心，而傲慢心一旦升起，就是災難的開始。首先活在光環下的人沒有大福報是難以支撐的，傲慢心再一升起，福報儲蓄卡會被迅速兌現。所以要轉換，儘可能把自己的影響力最大限度地用來利他，傳播正見。

第四，保持眞誠，心地清淨。在踐行「百術不如一誠」的前提下，不斷地去一點私欲，再去一點小我，不要計較眼前這一點點得失。去追求一個更宏大的目標，甚至這個目標是超越物質之上。

孤獨會助力我們找到內心的平靜和自由。

再以我爲例，總結三點：如何找到自己的天命？

第一，找到自己內心眞正想做的工作。（如理如法）

第二，沒有任何收入也想去做這份工作。

第三，如果社會上沒有這樣的崗位，就自己去做。

找到並嘗試之後，如果自己很喜歡很享受，那大概率是天命。反之就不是，繼續重複以上三個步驟。

一切皆有可能，你可以做到任何你想做到的事情，阻礙你的只有那個「你做不到」的念頭而已。帶著猶如童眞世界裏的那種無與倫比的純粹與眞誠，活出全新的自己。願你出走半生，歸來仍是少年。

莫名其妙被罵了，我卻沒吭聲

有好幾個人問了我同樣的問題：「別人罵你，你都不吭聲，這是不是軟柿子啊？」我分享一件我親身經歷的事情，這件事我當時雖然沒有處理得很好，但是也有一些參考價值。

有一次出去吃飯，我在那裏等一碗面，這時進來了一個女生，看起來火氣很大的樣子。她點的菜陸續上桌了，我就好奇地看了看她點的菜，想了解一下這家店的菜色。然後這個女生突然對我發火了：「看什麼看！眼睛是不是有問題啊？」我有點意外，至於嗎？但是我只是靜靜地看著她對我發火，什麼也沒說，我能感覺到她的火氣很大，慢慢地，其他桌的顧客也都看了過來，我還是沒有說任何話，這時那個女生好像反而尷尬了。

一切皆因果，受了受了，一受就了。

就是這一個過程下來，我沒覺得我哪里軟柿子了，其他顧客貌似也只是看著那個女生比較尷尬而已。

這件事情讓我意識到：平靜的力量真的很強大，比暴跳如雷高級多了。平靜的時候，能量都是往裏收的，而發脾氣的時候，能量全部往外泄。強者平靜如水，弱者易怒如虎。

其實發脾氣罵你的人，才是最可憐的。他能向你這麼歇斯底里地輸出負能量，說明他體內已經被負能量充滿了，醜惡的東西在他內心發生著，負能量在燃燒他。

沒有必要和這樣的人糾纏，一糾纏，就開啓了凡夫模式：心隨境轉。你會與他同頻共振，進入共業，徹底陷入負能量。下次如發生類似事件，只需要輕輕地提醒自己：不要被外境所轉，做自己情緒的主人。

「凡夫」與「非凡夫」的最大區別在於：「凡夫」是典型的心隨境轉，

而「非凡夫」則是境隨心轉。其不同的結果是，「凡夫」會經常陷入痛苦，而「非凡夫」則不會。要想淡定，就要學習「非凡夫」，境隨心轉。

當心隨境轉時，苦和樂都交給了別人；當境隨心轉時，你可以自由地樂，並且掌控全世界。

在繁華的世界，修一顆清涼的心，我是自己所造的業的主人。

人生最美的風景，是內心的淡定與從容。

與孤獨和解，改變了我的人生

無論你怎麼想著擺脫孤獨，從我的經驗來看，根本擺脫不了，越是抗拒，越是強烈。一個人的安全感，只能來自於自己。如果你是爲了逃避孤獨、索取關懷、獲得優越感等心理原因而去婚嫁，一定會在婚後體驗到更強烈的孤獨感、匱乏感和卑微感。逃不過去的，都得自己面對，最後還不如接受孤獨。當我徹底與孤獨和解後，人越發清淨了很多，減少了很多自我能量的外泄，反而像變成了一塊吸鐵石。

與孤獨和解後，分享一個我骨髓裏的改變，就是思維日趨從「向外」轉化成了「向內」。

以前當我遇到了一個人罵我，我不開心了，我就會怪那個人：「怎麼會有這樣的人，憑什麼罵我？」然後陷進去，越來越不開心，恨對方恨得要死。但是現在我遇到一個人罵我，可能還會起一些情緒，但不會像以前一樣，把關注點完全放在對方身上，我會反問自己：「我爲什麼會不開心？心明明長在我自己身上，怎麼運作看我自己呀，我爲什麼要運作爲『不開心』模式呢？」從而意識到，自己的修爲還有待提升，而對方這一關自己還是沒過，慚愧慚愧。

再比如以前當我遇到了一個騙子加我微信，我就會吐槽：「這個世界上怎麼會有這種人，這種人活著幹嘛。」但是現在我遇到一個騙子加我微信，我不會把關注點完全放在那個騙子身上，我會反問我自己：「我怎麼感召到這樣一個人加我，我最近什麼能量層級啊？不行不行，是我自己的能量層級出問題了，才會感召到這種人。」或者換一種思維：「我曾經種了多麼壞的種子，以致於顯化這種騙子來加我，我要好好懺悔清理。」

世界是自己的，與他人毫無關係。

當你的心改變的時候，你身邊匹配的一切人事物，都會發生潛移默化的改變。但是當你的心沒有改變的時候，一切都沒有用，身邊都是敵人，而且敵人會更強大。

所以調伏自己的心，自己不要起煩惱，這個是最重要的。你起了煩惱，不管怎麼說，你已經錯了（動氣便是惡）。只要你自己不起煩惱，沒有任何人事物可以傷害你。敵人不在外面，都在你自己的心裏。

風動幡動，不見心動。
世界萬物，皆由心造。

修心後，我擁有了水光肌

最近幾年，凡是見到我的人都在誇我的皮膚狀態怎麼那麼好，還是發亮的那種。不謙虛地說，我現在的皮膚確實好了很多，以前額頭上密密麻麻的痘痘，現在都沒了，其實主要還是修心帶給我的巨大變化。

還有，很多年前我就被確診了慢性淺表性胃炎，基本上是每年都會犯一兩次的，噯氣反酸非常難受，但是這兩年犯病的次數都減少太多了。關於胃炎，我要感恩一位三甲醫院專家，他和我說：「人的情緒系統與消化系統用的是同一個體系，情緒焦慮的人通常胃都不好，所以養胃最主要是養心，讓自己情緒平和。只有這樣，才能治根。」

而我認爲，要想有效修平和，必須徹底明理，不然只是揚湯止沸。

同樣一件事情，有人因此而高興，有人因此而悲傷，這是爲什麼？這說明，事情本身是中性的，是空白的存在，觀察者不同，得到的答案也不同。那爲什麼觀察者不同，得到的答案就不同呢？因爲每個觀察者的「意識印記」不同。這就充分證明了，任何事物本身都是中性的，是空白的存在，從而論證了一句話：事物不來源於事物本身，而來源於觀察者的意識印記，觀察者不同，得到的答案也不同。

我做博主以來，有人說我好，有人說我不好，有些人受益了，有些人看著我就煩。現實生活中，有人評價我傲慢心很重，但又有人說我很謙卑，這些南轅北轍的評價一度讓我很拉扯，我到底是什麼樣的呢？有人說衆口難調不用在意，有道理，但是回答不夠究竟。

而眞相是：當有人說你好，有人說你壞時，恰恰說明你什麼都不是，你是缺失的存在，他們是對的。以我爲例，當有人說我好，有人說我不好，有

分享最不捨的東西，就會得到最大的回報。

人說我謙虛，有人說我傲慢，這恰好說明了，我其實是空白的存在，而那些人對我的評價，實則是他們自己的意識印記經由我而投射出來的，只能說，反映了他們自己的內在意識印記。

站在那些評價我的人的角度，他們當然都是對的，因爲他們是不同的觀察者，他們的意識印記是不一樣的。這時候，你是否理解了一句話：你覺得我慈悲，那是因爲你慈悲。此時最高級的識人術也已經出來了，你可以通過觀察一個人對別人的評價，來充分地了解這個人眞實的內心世界。

以上充分論證了一句話：別人眼中的你不是你，而是他自己，所以你根本無需在他人對你的評價裏停留半秒。

既然別人眼中的你不是你，那你眼中的別人又是什麼呢？比如，你有時候覺得這個人虛僞，那個人裝清高，眞的是這樣的嗎？不見得，因爲你覺得虛僞的那個人，還有另一個人覺得他很實在。這就很奇怪，面對同樣一個人，怎麼你的評價和別人不一樣？這也同樣地說明了，那個被評價的人也是空白的存在，你對他的評價，實則是你自己的意識印記經由他而投射出來的。所以，你看到的實則是你自己，這又充分論證了一句話：你眼中的別人才是眞正的你，要在你對別人的評價中修行一生。

深入啓發：任何念頭本身都是中性的，是空白的存在，它傷害不了你，是你對念頭的評判導致你受到了傷害。瘙癢本身是中性的，是空白的存在，它傷害不到你，是你使勁去撓，撓破皮了而讓自己受到了傷害。

惟德動天，無遠弗屆，滿招損，謙受益，時乃天道。

剛一動念，馬上心想事成

分享一個眞實案例，有一個朋友三十幾歲，在某個特定情境下，她發自內心地祈願別人能夠擁有理想的伴侶相伴一生，結果這個念升起沒多久，陪伴她的人就出現了，她遇到了人生摯愛。

這些年，我自己也老是經歷各種各樣的心想事成，有的時候眞的是動一個念，馬上就實現了，就是這麼眞實的可怕。

有一次，我正在糾結，要不要買個小號吸奶器，方便出門使用，結果第二天就有人給我寄了一個過來。到現在爲止，我都不知道是誰寄給我的。

還有一次，我跟我媽在帶孩子的某個瞬間，突然想給寶寶讀一下《弟子規》，而且我想要注音版的那種。就在我升起這個念頭的時候，我們家突然有人敲門，我媽就去開門了，是快遞小哥送來了快遞，一拆發現是兩大箱《弟子規》，而且是我想要的注音版。眞的是讓我覺得心想事成得可怕。這件事把我媽和我都徹底驚呆了。

如何播下「心想事成」的種子？方法如下：

當你有一個心願的時候，首先你要尋找一個共業的人，也可以理解爲跟你有著同樣心願的人，你去幫助這個人如願，就是給你自己的心想事成種下了茁壯的種子。當這顆種子開花結果的時候，就是你心願達成的時候。哪怕你並沒有實際上去幫助這個人，只是發自內心地祈願他能夠如願，這也是給你自己種下了茁壯的種子。

比如說，你希望你自己的孩子健康平安成長，怎麼辦？你就要去幫助其他孩子，哪怕你並沒有實際性地去行動，只是發自內心地祈願他們都能健康平安成長，這也是給你自己的孩子，種下了茁壯的、健康平安成長的種子。

時間並不存在，只是人類大腦的幻覺。

罪從心起將心懺，心若滅時罪亦亡。

再比如，當你希望你自己婚姻幸福，你就要去助力別人婚姻幸福，哪怕你並沒有實際性地去幫助，只是發自內心地祈願所有人都能婚姻幸福，這也是給你自己的婚姻幸福種下了茁壯的種子。其他所有以此類推，這個方法一定要堅持去使用，鍛煉自己的意識肌肉，逐漸將自己的意識肌肉調整爲利他模式。我太想讓你們體驗到那種「心想事成」的感覺了，實在太奇妙了。

竅訣：動機至善，發自內心。己欲獲得，先助他人。

威力無比的冥想訓練（播種幸福）

晨起 睡前 或任意時間

（坐著 躺著…姿勢不限）

心裏默念以下內容：

「願我家庭圓滿，順利，平安，吉祥。」

「願你家庭圓滿，順利，平安，吉祥。」

「願所有人家庭圓滿，順利，平安，吉祥。」

「願一切眾生，都能解脫，覺悟。」

不斷在心裏默念，這個願力是非常大的！

王陽明先生說過：一念發動處，便是行。

堅持一段時間，你會驚訝地發現，

你的心好像慢慢地靜了下來，能量好像也提高了，

你周遭一切人事物的磁場，

慢慢都順你心了……

通往地獄的道路是由期待鋪成的。

挖過最大的坑！就是給自己貼標籤

人一旦自己給自己貼標籤，就會被「綁架」。

我之前不是表達自己想要幫助更多人嗎？這其實就是一種標籤，爲什麼這麼說？有個人發信息給我：「我心情不好，快點幫我走出來，救救我呀！」我回復是：「人，唯有自救，把我推薦的書都看看吧。」沒想到對方回復：「你不是很善良嗎？都是騙人的……」

我就瞬間無語了，後來發生了好幾件類似的事情，雖然都很無厘頭，但是我知道：凡是發生在我身上的事必有利於我。然後我瞬間意識到了，問題出在我自己身上，我還是給自己貼了所謂的標籤，那這個標籤就會成爲綁架自己的砝碼，「你不是很善良嗎？那你可得好好幫助我，直到我好了爲止啊。」

不管你是什麼樣或者想成爲什麼樣，都沒有必要給自己貼任何所謂的標籤。比如有些女生給自己貼了「美女」的標籤，結果素顏都不見人，心理壓力很大，爲了維持這個「美女」的標籤，自己背後其實很糟心。再比如有些人給自己貼了「善解人意」的標籤，那你一輩子就被「善解人意」給綁架了，哪天你不「善解人意」了，反而成了罪人。

別人說你慈悲善良，別陷進去，你可以回個：「就這樣吧。」別人說你很有修爲，你可以回個：「沒有沒有，過譽了。」

涉及到自我標榜的話盡量也少說，說一句就是給自己挖了一個坑，埋得有多深，取決於你說了多少次。我們古人不懂得啥叫「標籤」，但是也已經告訴我們了，千萬不要「自誇」，很危險。不信你拆一下「誇」字怎麼寫？大+虧=誇，「自誇」要吃大虧的。

強者平靜如水，弱者易怒如虎。

另外從我的經驗來看，要想徹底不被標籤化，要儘可能接近眞實，保持你對欲望，對情緒的眞實，從眞實出發，才能獲得超越的力量與勇氣。

如果你還達不到「爲利他故，願無懼戴上任何面具」的境界，那麼就先從「爲解脫故，願勇於摘下所有面具」開始踐行，揭下自己的面具，做一個眞實的人，允許自己本來的樣子！

告別完美主義，承認自己能力有限，其實這並不丟人，因爲人生是來體驗的，不是來演繹完美的。當一個人極度坦誠，他就已經無堅不摧。

下等人！在有恩處無恩

在生活中我見過一類人，這類人看似是很可憐的人，但同時也是最不值得被同情的人，這類人我稱之爲「絕人」，而絕人必然走絕路。

那是什麼樣的人呢？先歸納三類人：上等人，中等人，下等人。上等人是，在無恩處有恩，這是非常厲害的人；中等人是，在有恩處有恩、在無恩處無恩，我就屬於這類人；而下等人是，在有恩處無恩。這類人我也稱之爲「絕人」，用土話講是，吃爹喝爹不謝爹，也可以稱之爲「吸血鬼型人格」。這類人只要「傍」上任何一個人，都會充分發揮其吸血鬼的本性，哪怕你對他付出再多眞心，給他再多，他都不會對你有半分感恩。最後，當你被折磨得精疲力盡、歇斯底里的時候，他會反過來PUA你：「是你情緒不穩

予非失，乃存也。

我唯一知道的，是我一無所知。

定……」

這樣的人，對於我們這種還沒有成就的凡夫來說，既然無力轉化，那麼建議將他放生，交還給他原本的命運軌跡。這樣的人看似沒人能治得了他，但終究還是會走上絕路，因爲惡人自有惡人磨，人善人欺天不欺，人惡人怕天不怕。意思是，就算一個人再壞再有心機，但老天爺不怕他，把時間綫拉長，遲早有一天出一個更狠的把他收掉，不信你且看。

千萬不要做一個在有恩處無恩的人。有感恩的心，便什麼都有；沒有感恩的心，便什麼都沒有。只要一個人還懂一點感恩，說明還有的救，如果一點感恩心都沒了，那眞的……只能是絕人走絕路了。正如一位智者所說：「那些無暇感恩的人，永遠不可能獲得最大的滿足，而他所得到的，也終將失去。」

一切的發生都是因緣和合而來，萬事萬物的本質其實就是空性。空性有無窮潛在的可能性，因緣和合的時候，可以顯現無窮無盡的事業。所以一切的一切，都是靠因緣和合，靠大衆的成就。再厲害的人，自己獨立做什麼事情都是做不成功的，都是要靠因緣和合。其實我們每個人都活在他人的恩澤中，所以我們每個人都要有知恩、感恩、報恩之心。越感恩，你得到的就越多。眞正的感恩之心一旦升起，福報可以瞬間被「大額充値」。

一個人靜靜地回憶一下，從小到大那些幫助過你的人，發自內心地去感恩他們。感恩的心要用報恩來踐行，如果聯繫不上或者不好意思，那麼就在心裏默默感恩。心懷感恩之人，將被賦予更多，變得富餘；不存感恩的，連他所有的，也要奪去。

一個謙卑的人，才能不斷學習和成長。

能意識到並承認自己的無知，是智者的境界。

多年前，讓我徹悟的道

從世俗上來看，一直以來我都是個比較努力的人，但是很遺憾，以前上班上了那麼多年，一直都是個小嘍啰，連領導都沒當過，我曾怨天尤人，爲什麼我這麼努力，就是混不好？直到遇到了聖賢文化，我才大徹大悟，原來在過去的那麼多年裏，我努力的方向一直都是錯誤的，而錯誤的努力意義不大。以下分享曾經讓我大徹大悟的智慧，願更多人開啓正見。首先要破除對發財的三種普遍錯誤認知。

第一，勤勞不是致富眞正的因，勤勞只是致富的助緣，或者說是必不可少的條件。勤勞本身並不能致富，如果勤勞可以致富的話，現實生活中那些最辛苦的人應該最富有才對，可事實並非如此，那些幹苦力的人最辛苦了，可是往往他們卻拿著微薄的收入只能維持溫飽。相反，很多人每天養尊處優睡到自然醒，卻擁有大量財富。因此，「勤勞致富」並不是究竟正確的說法。

第二，知識不是致富眞正的因，知識只是致富的助緣，或者說是必不可少的條件。知識本身並不能致富，不然也不會有那麼多高學歷的人掙得還沒有那些小學畢業的老闆多呢。現實生活中，有太多知識文化淺薄的人卻擁有大量財富，因此，「知識致富」並不是究竟正確的說法。

第三，智謀、拼搏、管理、團隊精神……這些也都只是致富的種種助緣，不是眞正的因。可是很多人正是通過上述這些助緣得到財富的，於是就誤認爲這些助緣就是致富的根本。就好比大家都知道向日葵成長靠的是陽光、水分、肥料、土壤這些助緣，而忘記了土壤中必須要有向日葵的種子，若沒有種子，無論你怎樣澆水施肥，這塊土壤也是不會開花結果的。

業餘時間能成就一個人，也能毀滅一個人。

真正的成熟，是回歸孩子般的清澈與單純。

致富眞正的因，其實是「福報」，也叫做「幸福的果報」，而與財富相對應的福報來自於財佈施。「財佈施得財」是道上人都知道的秘密，其核心就是：在大福田裏心甘情願地去捨財，窮人不捨窮根難斷，富人不捨富不長久。

先賢說：君子以厚德載物。「物」可以理解爲才智、地位、財富等一切我們所擁有的東西，所有這些「物」，必須要有「德」才能承載起來。一個人有多大的「德」，便能承載多大的「物」。如果一個人所擁有的「物」，超出了自己所具備的「德」，就會出現德不配位的問題，最終招致禍患。德不配位，必有災殃。

無德無行而取厚利，必有奇禍；善行善德而受磨難，多有後福。修德以配位，自謙以遠禍，平靜以保命。

那個引你入道的人，
一定是你生命中的精靈。
如果你已經走在道上，
那麼一定要盡己所能，
成爲別人生命中的精靈。

關於社交，我徹底擺爛

關於社交，我好像一直都是擺爛的那種。

比如網上有人說：「你好好看啊！」我一般回復：「我開美顏了。」「敢不敢關掉啊？」「不能，我怕嚇著你。」再比如有人說：「小焓，你根器好好啊！」我一般都會回復：「笨鳥先飛而已。」還有人叫我「老師」，我一般回復：「德不配位，叫我『小焓』就好。」其他以此類推，慢慢我發現，這種擺爛式社交，不但省去了很多後續，反而以退爲進了，有點道家「反者道之動」的意思。

有朋友回饋，學了聖賢文化之後，很容易被道德綁架，最後做了一些違心的事情。那我現在告訴你，你帶著煩惱心去做事情，也沒什麼功德，所以不如不去做。在這個世界上，沒有人可以道德綁架你，不想做、感覺不好的時候，說明已經不在中道上了，不幫也罷，不做也罷。

經常有人讓我轉發一些求助的資訊，但除非知根知底，不然我一律不轉，爲什麼呢？因爲一旦開了口子，我就成公益轉發大使了，還未必能確認眞僞，這就偏離我本該要做的事了。所以在前行的道路上，還要學會智慧地取捨、拒絕。

我之前說了一句話：「不以佈施爲前提的求財都是耍流氓。」此刻我再補充一句：「佈施的時候不能有煩惱心，不然這個種子也是萎縮的。」落實到生活中，有一次我記得有人剛加上我，就給我發化緣資訊，讓我捐錢幹嘛幹嘛，我當時感覺不對，直接就把他刪除了。所以切記，感覺不對勁就不要去做，這個世界上沒有任何人可以綁架你，當你把自己的最低處展示給別人看的時候，從此你不會再害怕任何人失望，這個時候，你眞正的自由了。

禍福無門，惟人自召；善惡之報，如影隨形。

狂心若歇，歇即菩提。

曾經我一直都沒什麼朋友，有一段時間，我特別想交朋友，遇到任何一個人，都像抓住救命稻草一樣，掏心掏肺地對他們好，但最後的結果卻是讓我一次又一次的失望。直到有一天，我徹底擺爛了，我放棄了，我不交朋友了，沒朋友就沒朋友！

但很奇怪，當我徹底放下了交朋友的這個念頭，不斷充實自己的內心世界，慢慢有很多人反而粘上來了……真的應了道家的那一句：反者道之動。反著做事情反而會有正向收穫。

當我有了朋友之後，我又感悟到，要想彼此相處得更長久，其秘訣在於保持距離。和任何人走得太近，都是一場災難，只會加速你們的分離，而「知止」才是人生最大的學問。

所以不管你在哪里，一開始都不要和任何人太親密，不然用不了多久就會矛盾重重。最好保持平淡的關係，於誰相處不怨亦不親，穩重自主卽是吾忠告。

再分享一個秘密：如果說別人欠了你一筆錢，你怎麼要都要不回來，那個人說什麼就是不還了。這個時候，你徹底地放下，徹底地心無掛礙，只要你能做到，接下來你的錢反而會越來越多。

以上都是道家「無爲」智慧的運用，你必須去釋放一種沒有欲望的欲望，處於一種不想得到的得到，帶有一絲漫不經心的刻意，最終，你一無所求地得到。

上德不德，下德執德。執著之者，不名道德。

妄念若起，知而勿隨。

這樣的人，最有福報

如果你是一個特別愛擔心、愛著急、愛焦慮的人，這就很危險了，因爲這類人最大的特點，就是心老是往上竄，心+串=什麼？是一個「患」字，所以如果你是這類人，最終你會成爲一個「患」者，這個不是我說的，老祖宗在造字的時候就告訴我們了。

如果你是一個愛發火的人，整天火氣很大，那就坑爹了，火+火=炎，如果你是這類人，你體內就會有「炎」症，這個也不是我說的，老祖宗在造字的時候就告訴我們了。

以上這樣的人，不管有多少錢，有多高的社會地位，這都不是有福之人的特徵。那有福之人的終極特徵是什麼呢？是平靜祥和。平靜祥和的人也是天道最喜歡的人，一個平靜祥和的人才有著最眞實的福報，不管遇到什麼事情都能心平氣和、如如不動，沒有一絲一毫怨恨的意念，這樣的人，萬物皆可爲他所用。

要想達到以上境界，需要有智慧，何爲「慧」？你把智慧的「慧」字拆分開來，會發現：心+掃帚+兩個豐=慧。原來用掃帚把你的心打掃乾淨，就可以獲得Double豐盛！這就是獲得智慧的方法，老祖宗在造字的時候就已經告訴我們了。

現在有很多人每天也沒有做什麼，但是就感覺到很累，這是爲什麼呢？答案是：內心不平靜。內心不平靜是巨大的內耗，慢慢地，精氣都散掉了，你當然會感覺很累。

把眼光收回來，專注清理自己，觀心爲要。在那些你本會有劇烈情緒反應的時候，選擇平靜，這卽是事上磨練。說的再多再好都只是紙上談兵，關

應觀法界性，一切唯心造。

鍵是事情來了，自己能不能平靜。當我們心情不好的時候，最重要的也是先靜下心來，好好地去觀察自己的感受。剛開始的時候，你會覺知到好像有個不適的感受在，然後你繼續放鬆、繼續看，那些不適的感受會慢慢消失（感受也是一種無常的東西，它會升起也會消失）。你不斷地去這樣練習，你的覺知力會越來越強大，慢慢地，當你產生情緒的時候，就不會被它帶走。

平靜才能到達永恆，不平靜就是福報的終點，人生練的其實就是平靜。

智者不爭，修行人以不爭辯而爲眞解脫。

不怕困難，利益衆生，
離「忘己利他」的目標近一點，
再近一點……

貧窮，使你安全

曹德旺先生說過：「其實大多數人都不適合發財，因爲錢的反噬力非常大，一個人如果沒有很高的德行和智慧很難扛得住。」這句話是在道上的，當很多人還不懂修德的時候，有錢只會讓他造孽更多，沒錢他還沒法造孽。錢是把雙刃劍，給有良知的人，錢就能做善事；給智慧不足的人，錢就能造孽。

現在大多數人，都想追求更高的「位置」，可能是想獲得更高的社會地位，也可能是想得到職位上的提升，於是就單方面拼命努力提高自己的才幹。殊不知才幹固然重要，但一個人的位置越高，其實才幹所起的作用就越小，而道德修養所起的作用就越大。在「德」與「才」的關係中，「德」爲主帥，而「才」只是實現道德目標的助緣。如果一個人德不配位，那他的才幹非但不能幫助他成事，反而有可能成爲他居功自傲的資本，爲自己種下失敗的種子。

比如有些人沒發財之前，家庭起碼還是能保全的，一旦發了財，就開始在外面花天酒地吃喝玩樂，最後的結果是妻離子散。現實生活這種案例比比皆是，那你說針對這種情況，發財到底是好事還是壞事？再比如，有些人沒升官之前，起碼人身還是安全的，一旦升官了抵擋不住誘惑，開始貪污受賄，最後被抓進去了。這樣的案例也不少，那你說針對這種情況，升官是好事還是壞事？

所以每個人在求財之前一定要了解「厚德載物」的道理。高處不勝寒，更高的位置，固然會帶來更多的名利，但同時也意味著需要有更高的德行與之匹配。以薄德居尊位，以小知謀大局，以小力擔重任，正是失敗之源、取

人性的弱點：沒有信仰的博學多才和充滿信仰的愚昧無知。

你掐我會痛，扎我會流血，我就是個普通老百姓。

禍之道。如果不注重提升自己的德行，使之與更高的位置相匹配，就會反受其害。

當你還不懂修德的時候，上天沒有給你顯化很多錢，你應該感恩才對，是上天在保護你，貧窮使你安全。因爲大錢背後必然有大風險，當你得到了很大的利，其實是轉化了你很多福德，而如果你本身福德比較匱乏又被大量轉化，那麼之後就會有更大的坑隨之而來。君子以厚德載物，眞正富有的人都是有大德行的人。

你現在過得不好，是因爲你往昔沒有德行。你現在的每一個痛點，都存在與之相對應你曾經做的某件沒有德行的事情，學會認賬。

被出軌了，不是很大的事

這幾年，我收到了很多人向我傾訴的私信，就是另一半出軌了，自己痛苦得無法自拔。其實我很能共情這種被另一半徹底背叛的感覺，要想真的度過被出軌帶來的痛，往往要經歷三個階段。

第一個階段是震驚不敢相信，這種事情竟然會發生在自己身上，他怎麼會……你心痛得無法呼吸。等你辛苦地熬過這段時間，會過渡到第二個階段，這時你會徹底看清這個人，原來自己從來沒有認識過真正的他，但每每想到他跟別人的撩騷，內心還是會隱隱作痛、會膈應。然後再過渡到第三個階段，到了這個階段，你會徹底看輕這件事情，輕重的輕，原來從宏觀宇宙來看被出軌這件事，根本如同創可貼般的擦傷。這個時候你會從情感的傷痛

被人揭下面具是一種失敗，自願揭下面具卻是一種成功。

中解脫出來，並且意識到，多想他一秒都是在浪費自己的能量，同時心性也會得到昇華：原來人生的高度不在於你看清了多少事，而在於你看輕了多少事。

我學習了這麼多聖賢文化，也從來沒有看到過哪個聖人是歌頌愛情的，而且從我的經歷以及見聞覺知來看，人們口中所謂的愛情其實充滿了欲望與我執，所以想要追求永恆，難。眞正長久的情，絕不是愛情，那是什麼呢？結尾告訴你。

關於愛情，南懷瑾是這樣講的：「我經常告訴年輕人，談愛情講愛情，愛情是會變的呀。天地間很少有眞的愛情，愛情是人文自然的產物，也隨人爲的意識而變化，爲什麼呢？因爲天地萬物都在變化，沒有不變的。」另一位智者也講過：「你一切的關係都是暫時的，當你住進旅館時，不會想要與旅館經理、幫傭、侍者共度永恆，你的家庭家人、你的朋友、你的理想與價値觀，都與旅館經驗無異。遲早，你必須要退房，與他們分離。」

你可以適當放下對所謂愛情的執著，總有一天當你的格局打開了，你會意識到：所謂的被出軌、失戀……都不是什麼大不了的事。更何況世事都是無常的，你的生命是無常的，你的丈夫是無常的，你的兒子是無常的，你的女兒是無常的，你的金錢是無常的，你的房子也是無常的……一切都是無常的。

這世間並沒有永恆的事物，當你還活著的時候，或許你會認爲：這是我的女兒，這是我的丈夫，這是我的財產，這是我的房子，這輛車子屬於我。但是當你死了以後，沒有任何東西是屬於你的。

如果你還在情感中徘徊不知所措，我也給你一個答案：關於感情，順勢而爲卽可。因爲，如果你的感情無法繼續，它自然就會結束，根本無需你費力去結束它。活在緣分中，而非關係裏，善待人生中每一場緣，債還完了，

你必須盡己所能，利益到你能觸達的每一個人。

得道者多助，失道者寡助。

債主也就離開了。

答案：

一定要找到那個能讓你的心靜下來的人，從此不再劍拔弩張，左右奔突；也一定要找到，那個能讓你的心精進起來的人，從此萬水千山，生生世世。

一支「筆」的故事

「筆」的故事很經典，完全可以作爲打開「空性智慧」的鑰匙，一定要反復領悟，最好能背出來。接下來如果你有上臺發言的機會，比如公司會議、家長會、讀書會……就可以分享出來，用智慧的力量震撼全場。

好，現在進入「筆」的故事。

我：「我現在手握一支筆，於你而言這是什麼？」

你：「這是一支筆。」

我：「但是試想，當一隻小狗走進來時，我在它面前揮一揮這個物品，它會有什麼反應？」

你：「我不知道，也許會咬它吧。」

在生命的曆練中，活出淡定與從容。

我：「所以，小狗是如何看待這支筆的呢？」

你：「它可能把這支筆當成是磨牙玩具了吧。」

我：「好，那到底誰才是對的？是人還是狗？我手上這個物品，到底是筆還是磨牙玩具？」

你：「兩者都是對的吧。對我來說是筆，對狗來說是磨牙玩具。」

我：「是的，兩者都對！對於不同的觀察者而言，這會是不同的事物，既是筆也是磨牙玩具。」

我：「那假設，我將這個物品放到桌上，你和狗都離開這個房間，它是筆還是磨牙玩具呢？」

你：「如果我和狗都不在那觀察的話，很顯然，這東西既不是筆，也不是磨牙玩具。但是它又具備成爲任何一者的潛能，取決於是誰走進房間裏！」

好，通過「筆」的故事，你已經對「空性」這個很難的概念有了初步理解。當人和狗都離開房間時，桌子上的這個物品就是「空性」的，是空白的存在。但同時它又具備無限的潛能，因為觀察者不一樣，對它的定義就會不一樣。就好像開始播放電影前，那塊空白的銀幕，它會播放什麼，完全取決於投影源的母帶。

回歸生活，比如你最討厭的那個人，他似乎本身就具有特別令人討厭的品質。這個令人討厭的品質被你感受到了，就會讓你產生反感的情緒。這時候你就會判定，你反感的情緒是這個令你討厭的人帶給你的。但是進一步思考會發現，這個你討厭的人，總有其他人會喜歡他，比如他媽媽，他朋友……這些人看到這個令你討厭的人反而會生歡喜心，這是為什麼？為什麼這個你討厭的人會有人喜歡？

答案是：令人討厭並不是這個你討厭的人本身所具有的品質，這個人本

神通抵不過業力，業力抵不過願力。

身不具備令人討厭的品質，不然這個品質會向所有人展示。其實這個令你討厭的人，就像一塊空白的幕布，或者說如同「筆的故事」中的那支筆，是中性的，不同的人會在他身上看到不同的品質。這時候靈魂拷問來了，那你在他身上看到的「討厭」到底來自於哪里呢？

其實我們周遭的人事物同樣如此，都是空性的，空白的存在，但同時又具備無限的潛能，取決於不同的觀察者。比如你的老公、你的同事、你的婆婆……觀察他們的人不一樣，得到的答案也不一樣。

接下來，如果你再看到了一個討厭的同事、煩躁的鄰居、小氣的老闆……可以試著用「筆」的故事來思考，「筆」從哪里來，他們就從哪里來。同樣，「筆」從哪里來，這個世界就從哪里來。

請踐行如下：

NO 1 負面情緒來的時候，能夠看到它是來自於自己這邊。

NO2 了解看到的都是來自於自己的印記，而非這個世界的眞相。

NO3 停止種壞種子，開始種好種子。

NO4 當好事發生的時候淡然處之，不亢奮，知道是好種子在兌現，繼續播種幸福。

NO5 當壞事發生的時候不怨天尤人，知道是壞種子正在爆發。

NO6 當下的相已是最輕的顯現，全部接受，回到慈悲喜捨。

NO7 每天遇到不如意不順心的事，都要懺悔自己過往的負面印記。

NO8 理解「我」是一切的根源，改變世界從改變自己開始。

按照良心的劇本，去演一場問心無愧的戲。

生如逆旅

高維方可遠航

心不動萬物則不動，

一切都只是自己心上的事。

怎麼樣才能提升高維智慧？

保持完全的寧靜，
接近偉大古聖先賢的精神與思想，
讓過去過去，讓現在現在，讓未來未來。
並且願意服務自身力所能及範圍內，
一切能攝受的人事物。

一切的發生皆是爲我而來

修藍博士說過這樣一句話：「我們每個人能看到的世界都是由自己變現出來的，你能看到的，你能聽到的，都是因爲你在場，如果說你不在場，你連看也看不到，聽也聽不到，所以每個人都要對自己的境緣負起100%的責任。」

這句話非常細思極恐，如果說深入領悟了，或許眞能醒悟。什麼意思呢？這個世界就是由我們的心所投射出來的相，每個人能看到的一切人事物，都是由我們內在與之相對應的種子所投射出來的。每個人意識田裏的種子不一樣，所以每個人能投射出來的世界，能看到的世界都不一樣。

在每個人的世界裏，一切的發生都是專爲自己而來，一切的發生都是爲

一天不行利他之事，這一天即為虛度。

自己量身定制。天上天下，唯我獨尊。

一切的發生都是空性的，它其實傷害不了眞正的你，你之所以受到了傷害，是因爲你執著了、陷入了。如果說你不執著、不陷入，那它根本就傷害不了你，你也不會因此而痛苦。當一件事情發生時，你體驗的苦楚或甜蜜都不是來源於事情的本身，而是源於你理解和回應它的方式。

比如說你樓上或隔壁的鄰居吵，怎麼辦呢？很多人都會受困於此，首先你可以想辦法去協調，找找物業……如果說這些方法都不管用，你再試試我的方法。就是當樓上或隔壁再吵再鬧的時候，他吵他的，他鬧他的，你就是不生煩惱心，只管安住自己。

再告訴你一個秘密，人的耳朵其實是聽不到東西的，能夠聽到東西的是「耳識」，簡稱：耳朵+意識。同理，人的眼睛也是看不到東西的，能夠看到東西的是「眼識」，簡稱：眼睛+意識。

比如晚上睡覺的時候，樓上鄰居還在那邊吵，確實非常煩，但是你就是不生煩惱心，把自己的意識從樓上收回來，抱著睡不著覺就睡不著覺的心態。結果你會神奇地發現，樓上再吵再鬧其實影響不到你，原來一切都在於自己的心。如果你能堅持使用這個方法，慢慢地，你會發現樓上反而神奇地不吵了，這就是「高維智慧」。

樓上再吵再鬧，它也是你內在的某顆種子所變現出來的。凡夫是不懂這個道理的，所以會去跟人家吵架、打架，結果愈演愈烈。

明理後，你知道這是自己曾經的某顆種子顯化了，它顯化的時候，你就讓它顯化，你靜靜地看著它，不生煩惱心，等它顯化完了就結束了，樓上慢慢地就不吵了。

其實有時候，你莫名其妙沒來由的心煩、無名火，也是同理的。哪怕一個念頭、一個不舒服的感覺，都是曾經你記不清的印記成熟的顯現。禍福無

不是風動，也不是幡動，而是你的心動了。

得到智慧需要更大的福報，而多數人福報不夠。

門，惟人自召。

因爲這些顯現讓自己不舒服，就被很多人定義爲苦，於是陷入走不出來，其實這完全是一個思維誤區。而眞相是，不舒服的感覺顯現了，說明與之相對應的負面印記正在消除，這才是眞正的內部清理。故：全部接受。

一切都是如夢如幻的，你接納什麼，什麼就消失；你反對什麼，什麼就存在。

所有的事物，都是經由你曾經的印記，製造產生出來的。你周遭的世界、周圍的人、甚至你自己，都是過去好或壞的行爲、語言以及思想的產物。

Hpv，對縱欲的警示

哲學家叔本華講過：「人生就是一團欲望，滿足不了就痛苦，滿足了就無聊。」按照這個理論，叔本華把整個人生都比作了欲望，那所謂的愛情也是人生的一環，所以所謂的愛情也只是一團欲望，滿足不了就痛苦，滿足了就無聊。由此得出，愛情實則是跟自己的欲望相處的過程，色欲亦然如此。

恰當的時候能抑制住自己的欲望，可以積累巨大的陰德，是一種事半功倍的積福行爲。分享《壽康寶鑒》中的兩個故事：古時候有個備考的書生，他隔壁住著一個艷婦，時常向他拋媚眼。有一天艷婦的丈夫出門了，艷婦在兩家隔牆下挖洞，引誘書生過來，書生怦然心動，趕緊想要爬上牆頭，但轉念想到：人可以瞞，天是不可以瞞的呀！於是就退回去了。可艷婦又來花言巧語引誘書生，書生又動搖了，準備爬牆，但轉念一想：舉頭三尺有神明，就又走了。次年，該書生北上參加考試，主考官進場前夜，仿佛聽到耳邊有聲音在說：「狀元乃是騎牆人。」結果放榜之後，主考官召見狀元詢問，才知道，狀元眞的是那個反復騎牆的書生。

明朝宣德年間泰和縣典史曹鼐，在捕盜時救得一個很美麗的女子，晚上這個美麗的女子很願意服侍他，曹鼐立刻回復她說：「你是黃花大閨女，我怎可侵犯你？」於是拿出紙來，在紙上寫下「曹鼐不可」四個字，隨卽將紙焚化。次日又召該女子的母親將她領回。後來他在考試時，忽然天上飄來一紙，上書「曹鼐不可」四個字，於是瞬間文思澎湃，最終考取了狀元。

君子之所以能成爲君子，都是由於他們有著非凡的作爲和至高的德行。他們都在恰當的時候做到了「存天理，滅人欲」，選擇了知止、致良知，最終成爲了名副其實的君子，顯化了各種意想不到美好的果實。而如果他們當

不積小善，無以成大德，積善成德。

時跟隨了人欲，就背離了君子所爲，成爲小人，最終被天道收割。所以君子跟小人的區別已經出來了，你是致良知還是致人欲？

人最容易被誘惑失足的時候，就是在面對色欲當前的時刻，心中勃然難以克制的一剎那間。如果此時能想一想，君子之所以能閉目不窺、坐懷不亂，也不過是將那片刻的邪念制伏得住而已，而因此獲功名、得顯位、光宗耀祖，造福於子孫後代。比起那些半世寒窗苦讀，以及用其他方法來積累功德的人來說，眞是事半功倍。所以何苦貪戀片刻的歡娛，而拋棄了蓋世的功名。

那些有成就的人，一定都是有著不爲人知的陰德在背後支撐著的，無形的陰德將支撐有形的存在。眞正的智者，一定是少欲的。眞正強大的人，是沒有欲望的人。眞正的自由，是不做欲望的奴隸。修行眞正的敵人，是對欲望的迷惑、執著。

那怎麼控制自己的欲望呢，比如色欲？從實用主義的角度，可以這樣算，一切的享樂都是在兌現福報，那你減少色欲，就是在減少消耗福報，那被減少消耗的這部分福報就可以轉化爲其他的能量，就看你是否願意適當「兌換色欲換前程」。從究竟的角度，總有一天你會發現，無論你如何折騰，你的欲望永遠不會被滿足，因爲欲望本是一個無底洞，到頭來一場空，色欲本空。

現在有很多女生被「渣男」傷害，一部分原因也是沒有控制住自己的欲望，並且生理欲望佔大頭，所以女生如果能夠控制住自己的欲望，就可以避免很多傷害。女生一定要保護好自己，不要讓自己有任何機會躺在手術臺上，做下造孽的事情。從另一個維度來看，現在的Hpv就是對人類縱欲的警示。只有了解欲望的本質，才會有更多人覺醒。

滿足一千個欲望，還是戰勝一個欲望，哪個比較重要？

高能量人的特點

每個人都是一個能量場，高能量場的人有很多特徵，其中最顯著的就是有很強的「攝受力」。

就是當你看到這個人時，會有一種敬畏感，自然而然不會在他面前造次，注意這裏的「敬畏」是指尊重，絕不是恐懼。

按照這個理論反推，如果總有人不尊重你，那很有可能是因爲你的能量場偏弱，無法攝受別人。那能量場是由什麼決定的呢？醫學博士大衛·霍金斯有一個很著名的「能量分佈圖」。

圖中顯示：200分是高能量值和低能量值的一個分水嶺。如果你是驕傲、憤怒、貪婪、恐懼、悲傷、冷淡、內疚、羞愧，那麼你的能量場處於偏弱的狀態，能量值在200以下；而如果你是勇氣、淡定、主動、寬容、明智、愛、喜悅、平和甚至開悟的狀態，那麼你的能量場處於偏強的狀態，能量值在200以上。

曾有人質疑：「家境好、事業穩定、有錢，肯定在上面，能量場高，而我這種各方面條件差，沒錢的人那只能在下面。」如果你也有這種思維，就犯了大部分人的通病，把原理搞顚倒了。不是因爲有錢了能量就高，而是因爲能量場高更容易變現，一切都是能量的變現。用福慧原理解釋也是同理，不是因爲有錢了福報就高了，而是因爲有福報了才會變現更多，主次一定要顚倒過來。

高能量磁場振頻，更容易感召更好的緣起條件，那麼因緣具足，自然會有好的顯化。你遇到什麼樣的人事物都跟自己的能量場有很大關係，我們常說的「經營自己」，其實就是經營自己的能量場。

大衛．霍金斯也說過，能量振動頻率低於200，容易生病。所以爲了自己的身體健康，也得好好調整自己的能量場。怎麼調整？

物質是由能量決定的，能量是由情緒決定的，而情緒是由念頭決定的。所以，凡事轉念，方爲根本。當逆境來了，不管你運用什麼心法，只要你能轉念，即使那個相還在，但是它已經無法困擾你了。比如一個人因爲長期工作不順消極躺平了，外人再怎麼想拯救他都是沒用的，他還是粘在床上不肯起來，但是只要他自己能夠轉念，馬上就能從床上彈起來積極前行，特別神奇，這就是一念天堂，一念地獄。

再回想一下我自己的過往，每一次從泥潭裏面走出來，說到底，都是轉念帶來的。轉念之後，即使泥潭還在，但它再也困不住自己了，這就是轉念的力量。轉念就是轉運，轉運就是轉命。

霍金斯思維與情緒能量層級圖

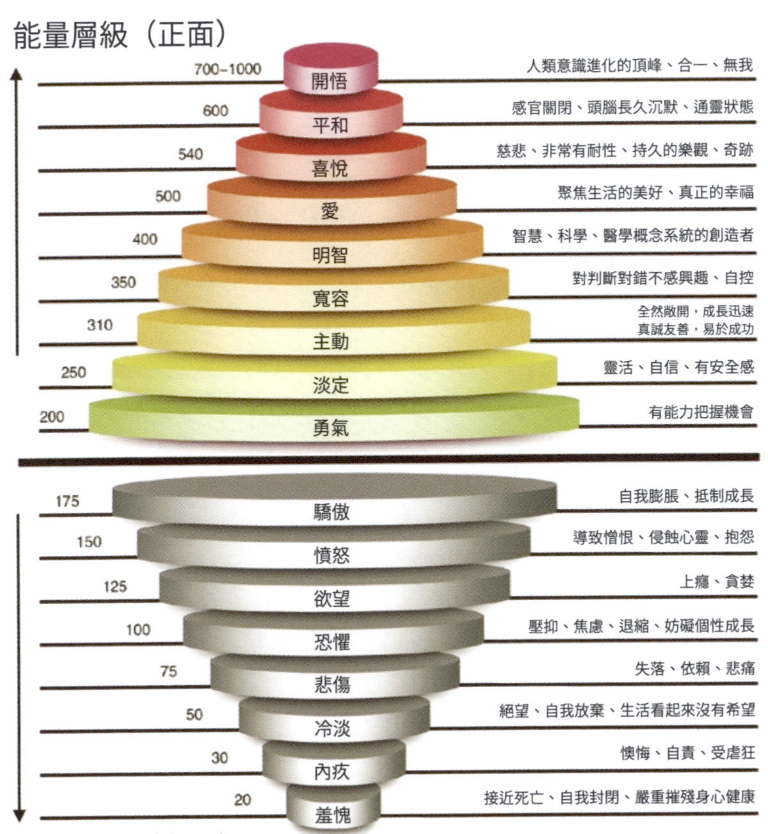

被傳授某心法後，我變得很無懼

我學習陽明心學後獲得了很大一個心法，就是：心如明鏡，物來則照。淺薄的理解：任何事情無論好壞，如果已經發生了，那麼先接納。因爲對於已經發生的事情，除了接納別無選擇，你抗拒只會增加多餘的內耗，越是抗拒，越是強烈。在接納的基礎上，再根據現實情況去處理。

接受，是一切變好的開始；接受，是療愈一切的根本；一切循業發生，接受即變。如果你洞悉了這個維度，那麼慢慢就會明白，原來每個人的敵人實則是自己，如果把所有時間精力用來改變其他人事物，最終會一無所得。

那怎麼樣才算是接納呢？可以這樣判斷，就是過去對你很重要的一件事，現在是否對你一點都不重要了？或者說，過去可以輕易激怒你的事情，現在你是否毫不在乎了？如果是的話，那麼你就處於接納狀態。相反，如果你因爲某個人、某件事或者某個習慣讓自己很痛苦，那就說明你已經被這些人事物給「精神綁架」了。意識到自己被精神綁架之後，就可以瞬間給自己鬆綁。

就是當你不再執著於某個人、某件事或某個習慣的時候，它就失去了指揮擺佈你的能力，你也就獲得了自由。我們要讓自己安靜，而不是讓世界安靜，你自己安靜了，你所投射出來的世界也就安靜了。

修心眞正目的：是學會控制自己的心，讓自己的心不再受外境人事物操控。就好比我們看電影，因爲知道電影是假的，所以即使會動感情，情緒會隨著電影情節高低起伏，但也能隨時跳出故事場景，我們的心是自由的。同理，我們可以把「觀電影法」運用到生活。在人間這座劇場當中，如果我們學會以旁觀者看電影的心態來面對這場生命的大戲，就會輔助獲得自我控制

所有的遇見，皆是因為有所相欠。

養得此心不動，萬事方能伺機而動。

的能力。做自己的旁觀者，做生活的旁觀者。把生命交給生命，一切都剛剛好。

眞正的強大，是不再害怕失去，是允許一切發生。

那個女孩，曾滿臉是斑

有個女生從小臉上就開始長斑，上學時經常被同學嘲笑，一直都很自卑，去大醫院做了激光，結果斑還是長出來了。她被臉上長斑的問題困擾了很多年，問到我有什麼辦法。要是你，會怎麼回復她？告訴她哪里有個中醫給她調理一下？或者是用個什麼產品？

這種外求的方法都不究竟，即使這個斑弄好了，下次可能還會有人嘲笑她長得矮，單眼皮……她還是會痛苦，沒完沒了。所以我回答她：「你改變不了你的皮膚，但可以轉變自己的心，你自己不在意，瞬間就豁然開朗。」隨後我又補充了一句：「我就喜歡我的斑，獨一無二，這就是眞正的我。」然後這個女生回復我，我的回答讓她醍醐灌頂。

愚者指責別人，智者反求諸己。

其實只要她本人不在意自己臉上的斑，無論別人怎麼嘲笑她，她都不會痛苦的，因爲她沒有與之相對應的痛點。所以從本質上來看，眞正讓她痛苦的，不是別人的嘲笑，而是她對別人嘲笑的在意，只要她不在意，痛苦馬上消失。再以我爲例，我從小到大都長得比較高，別人老是說我：「這個女孩子怎麼長這麼高啊？」高中還有一個女同學嘲笑我說：「長這麼高，以後嫁不出去。」這句話當時傷我不輕！但是後來，對於別人對我身高的評判，我坦誠相待，不在意了，所以再也沒有因此而痛苦。偶爾還會自嘲幾句：「我是個女巨人，少出門少出門……」

如果別人的哪句話、哪個評判把你傷害了，首先要做一個區分。眞正傷害你的，不是別人的評判或者哪句話，而是你對別人的評判或者哪句話在意了，反之，你不在意，那無論別人說什麼都對你毫無影響。明白此理之後，你還可以借此找到自己的痛點在哪里，從而轉變自己的心，修自己不在意，減少自己的精神痛點。你的精神痛點越少，就越不會被別人的語言或者評判傷害。

這種內求的方式，就是把自己的能量從外境收回來，不再像以前一樣總想著去改變任何人、控制任何人、擔心任何人，而是解放任何人事物，只在自己的心上下功夫，而這樣做的結果是：自己被解放了。

把目光放回到自己身上，是最聰明的活法。別人說什麼，與你的苦樂何干呢？能改變自己的都是神，想改變別人的都是神經病。

寧攪千江水，勿擾道人心。

從現在開始，放下你的征服欲、控制欲、佔有欲，只在自己的心上下功夫。

這個時候，你的能量會進入巔峰狀態。

其實，你是一個投影源

一切外境人事物都是自己內在意識印記的投射，所以當外境讓自己不滿意的時候，不是去改變外境，因爲外境是相，改變不了的。而是要「觀自在，反求諸己」，把自己內在的頻率調整好了，外境顯化自然會好起來。

給大家做個比喻：我們都看過電影，投影與投影源的關係也都懂。其實我們每個人就相當於電影院裏面的投影源，我們看到的一切外境人事物就相當於打在電影院幕布上的投影。幕布上呈現的投影來自於投影源，要想改變投影，只能改變投影源。

再比如，用手電筒打光在牆上，手電筒就相當於是一個投影源。如果發現它打在牆上的光源上有一個黑點陰影，而我想去掉這個黑點陰影怎麼辦

最高級的慈善是：醫療人心。

呢？我擦牆面上的黑點陰影有用嗎？很顯然，沒用。要想讓牆上的投影沒有黑點陰影，就要把投影源上（手電筒）的黑點給擦掉才行，因爲投影的改變依靠投影源。

這個實驗淸楚明了，但是爲什麼回到生活中大家又迷惑顚倒了呢？你是投影源，你看到的一切人事物都是你的投影。你對投影不滿意，你去怨恨投影是沒用的，只能改變投影源（也就是你自己），投影源改變了，投影才會改變。這卽是「相由心生」的原理，也是先賢留下的智慧精髓。

回歸生活去探索，當你的生活焦頭爛額、外境顯化亂七八糟的時候，你的內在是不是心亂如麻？答案是100%肯定的。而當你的生活歲月靜好、外境顯化所願皆成的時候，你的內在是不是平靜祥和？答案也是100%肯定的。這足以說明，一切都是由自己這顆心所運作出來的，一切都是自己心的投射。你看到的都是心裏有的，發生的都是已經存在的，外面沒有別人，心外無物，心即一切，一切即心。

開心的是你的心，不是外面的事情；痛苦的也是你的心，不是外面的事情。一切都是自己心的運作，把注意力從外境拉回來，用來關注自己的心。試著去感受這顆心的覺受，它是心跳加速的，還是刺痛的，還是有點堵塞……試著做自己心的主人，從而成爲自己人生的主宰者。

彝倫堂

應無所住，而生其心。

不敢佈施，太可怕了！

我是一個相當土老帽的人，「小資」這個詞語幾乎跟我沒有任何關係，但是今年過完春節之後，我就開始陸陸續續收到各種各樣的鮮花。我也算是個道上人，所以我清晰地知道，這是我過去種下的鮮花種子顯化的結果。但是同時我又很納悶，我這麼一個土老帽，什麼時候送出去過鮮花這麼小資的東西啊，我實在是想不到。

直到有一天，一個粉絲發信息給我：「小焓，去年八月份的時候，你在直播間跟我們分享過，你說當時你在逛西湖，遇到了一個賣花的老太太，那個老太太特別希望你買她的花，於是，你就買下了。之後，你又把買到的花送還給了賣花的老太太，當時那位老太太非常感動。」我一下子就想起了那件事情，從那件事開始一直到我頻繁收到鮮花，大概經歷了半年多的時間。

我最開始做直播的時候，每次抽獎大概只抽十本書，然後慢慢地增加抽獎的書籍數量，直到現在，回流到我家裏的書，已經多的幾個書房都裝不下了。

我現在不管走到哪個城市，都會有人寄書給我，按照我們家阿姨的話說：「你不管走到哪里，快遞永遠是跟到哪里的。」

再跟大家分享一位老師的眞人眞事。

他在十幾年前遇到了一個殊勝的對境，隨卽，他就給殊勝的對境供養了一份上好的茶葉。然後這十幾年下來，他陸陸續續收到了從全世界寄來的各種各樣上好的茶葉，他成了眞正的茶葉大戶。然而他卻非常後悔，腸子都悔青了，他後悔什麼呢？就是當時遇到那個殊勝對境的時候，他爲什麼要送茶葉，不送金錢啊？不然這十幾年來他收到的可就不是茶葉了，他是眞的腸子

每臨大事有靜氣，不信今時無古賢。

居上位而不驕，在下位而不憂。

都悔青了。

再分享一則公案，古代有一個龐居士，他們一家四口全家開悟，由於他們過去種下的財富種子實在是太具足了，以致於家財萬貫，錢多的已經被累贅了。他們實在是愁，有一天這一家四口商量出來一個辦法，就是把他們家這些錢，全部打包好，沉到湖裏面去。很多人都想不通，全家開悟的人竟然都不懂得佈施之道，眞的是太可笑了。

其實不是這樣子的，就是因爲龐居士一家開悟，他們太懂佈施之道了，所以他們不敢去佈施。已經被財物所累了，如果說他們再去佈施的話，這個佈施回流的錢會越來越多，他們會更加被累贅，所以最後他們只能把錢沉到湖底。

看來，廣行財佈施才是求取財富的必經之道。龐居士的煩惱，體驗一下也無妨。

幫人的人被幫，被幫的人幫人

學習傳統文化以來，我一直在強調利益他人，一天不行利他之事，這一天即爲虛度。想要什麼就給出去什麼，因爲給出去什麼就會得到什麼，這就是在「種種子」。

但有朋友回饋說，有時候發心送給別人一本善書，結果對方連個感謝都沒有，很心寒。其實你之所以會感到心寒，是因爲你認爲你幫助了別人。這是錯誤的認知，而眞相是：幫助別人的人被幫了，被幫助的人幫了人。

如何理解？你幫助別人是在給自己積累福報，是被幫助的那個人在給你機會讓你種福田，最終受益人還是你自己，實則你是在幫助你自己。所以我們最應該感恩的，是人生中出現的每一個可以讓自己幫助的人，是他的出現

當你內心不再焦灼的時候，就是轉運的開始。

讓自己有了種福田的機會。

比如你鄰居感冒了，你給他送了感冒藥，誰幫了誰？表面上看，是你幫助了鄰居，而眞相是生病的鄰居幫了你，因爲你給鄰居送藥的行爲，是給你自己積了德。所以，你幫助了別人，應該感恩別人給你提供了積累福報的機會，而不是期待別人的回報。

而且你要清晰，往往你給出的，並不會從你的受施者這裏回流，因爲「種子生長規律」並不是一一對應的。你幫助過的人，可能永遠也幫不上你；而幫助過你的人，可能你永遠也幫不上他。比如你幫助了一個人，當卽種下了助人的種子，當這顆助人的種子成熟的時候，幫助你的，通常不是那位你曾經幫助過的人，而是一個出乎意料的人，甚至是一個完全陌生的人。

還有很重要的一個點，你種下的種子不到萬不得已，沒必要讓別人知道，除非你是發心引導別人跟你一起踐行。否則，從傳統文化的角度就是：

陰德變成了陽善。當年梁武帝問達摩，說自己做了這麼多好事兒，有何功德。達摩不客氣地回答他：「沒有功德。」這便是陰德變陽善的典型案例。

現在社會上有很多人是在做慈善，但是過於高調、過於傲慢，甚至目的是擺拍給別人看，提升自己的名聲。慢慢地，你會發現他們陸續就會從大衆視野裏消失，爲什麼呢？

你種了一顆種子，這顆種子被埋在土裏，當外在條件適合，它就能發芽、開花、結果。而如果你把種子種下去了，再把土刨開，見光，那種子就會枯萎。就好比你做了一件好事兒，種了一顆好種子，但你到處去和別人說，這就等於把土刨開了，那種子怎麼開花結果呢？

我們傳統文化裏面講的「事以密成」，也是以上原理。所以，行善不需要讓人知道，準備做某件事情也不需要到處宣揚，別再做那個明明種了種子卻把土刨開的傻瓜了。

若欲長久利己者，暫時利他乃竅訣。

非己所安，不加於物。

切記，隱秘自己之功德，隱秘未來之計劃，做一個能守住陰德的人，隱秘而偉大。

被罵，內部清理最好的「咒」

我們古人很有智慧的，說「吃苦」就是「了苦」。現在大多數人已經過了衣食溫飽綫，最大的苦其實是「心靈上的苦」。比如被罵了，大多數人心裏都不舒服吧，恨不得馬上懟回去。

前段時間我跟一位老師說：「最近罵你的人還挺多的，罵的內容很好笑啊。」然後老師也笑了，幽默地說：「好事，提升自己很快的方式，就是別人幫自己做清理，被罵就是一種被動清理的方式。」

這位老師和我這幾年的理念完全一樣，做博主以來，我從未回懟過任何人，原理就在這裏。

凡夫的思維都是很顛倒的，喜歡聽好話，聽著舒服呀，讓你白舒服的？

拼命咒別人，最先倒霉的是你自己。

命運饋贈的禮物，早已在暗中標好了價格。所以從現在開始把那些挖苦你的話、罵你的話，全部當成幫自己內部清理的咒語。有人罵我，太好了！我曾經種下的負面種子再一次被清理，感恩罵我的人，他們太偉大了，不惜種下壞種子犧牲自己來幫我清理。

同時我們也要對他們升起慈悲之心，因爲當他們罵人的種子成熟的時候，他們自己也要受得了才行。

延伸一下，其實有時候被父母罵，這已經是用最輕的方式在幫你清理過往的負面印記。另外，如果真的有一些德行極好的人願意罵你兩句，你就感恩戴德吧，對境越VIP，清理得越快。

再以我爲例，有時候有些德行很好的人誇了我幾句，我心裏都是惶恐的，第二天趕緊多去做點好事兒，你現在懂我了吧。

把「罵」理解成「咒」，別人罵你，就是最好的幫你內部清理、內部提升的咒語，唯有感恩。

你的蔑視，是我的陽光；你的謾罵，是我的音樂；你的羞辱，是我的福分；你的損害，是我的順緣。

一生俯首王陽明，人生唯有致良知。

人與人之間的關係是什麼？（一個故事 讓你頓悟）

很多人會問我：「人與人之間關係的眞相到底是什麼？遇到一些傷害過自己的人走不出來，到底該怎麼辦？」好，我分享一個讓人潸然淚下的故事，這個故事可以解答人與人之間的一切關係。

很久很久以前，有一個叫天國的地方，那裏住著很多小精靈和小天使，他們相親相愛，每天都幸福地生活在一起。有一天，一個小精靈決定要轉世投胎爲人，其他的精靈天使知道了都很祝福，一起來送他。

天國統帥也來了，就問這個卽將轉世爲人的小精靈：「你還有什麼願望嗎？」小精靈回答說：「我希望接下來的一世，成爲最美好的生命。」天國統帥想了想，說：「成爲最美好的生命，最大的難度就是要學會寬恕，那我就安排另一個小天使陪你一起到你下一世的生命裏，扮演一個惡人的角色來讓你寬恕吧。」另外一個小天使也欣然答應了。

小精靈很感恩小天使，但是還是有點不好意思地問小天使：「你是如此的美好，有什麼理由讓你到我下一世的生命裏變得陰暗和沉重呢？」小天使回答說：「因爲你曾經也爲我做過同樣的事，我們曾一起經歷了一切，我們曾經都當過男人、女人、好人、壞人、受害者、迫害者……我們每一世都幫助著彼此成長。」

小精靈很感動，小天使繼續說：「下一世，我會到你的生命中去扮演一個壞蛋，我會做一些眞正可怕的事情，只有這樣，你才會體驗到什麼是眞正的寬恕，最終成爲最美好的生命。」

小精靈明白了，又追問了小天使一個問題：「你爲了讓我能成爲最美好的生命，甘願去做一個壞蛋，你爲我做了這麼多，那我能爲你做什麼呢？」

做任何事情之前，先問問自己的發心是什麼？

懂得拒絕，不刻意討好，反而能獲得更多尊重。

小天使頓了一下，然後回答說：「在我攻擊你的時候，在我對你做出一些你能想到或想不到的最壞的事情的時候，請你不要忘記我眞正的樣子。」

原來我們的生命中都曾出現過天使，但你是否還記得你們曾經的約定，不要忘記他眞正的樣子……

罪業若不懺，路有千萬障。
所謂大根器，亦是再來人。

高維智慧裏的「變美凍齡之方」

顏值分爲兩塊：精神顏值和外表顏值。

現在有很多女生都進入了一個誤區，每天出門把自己打扮得光鮮亮麗，把自己最美麗的一面獻給了路人、同事。一回到家就全部卸掉，變得邋裏邋遢的，把自己最醜陋的一面給了自己的老公、家人……發現問題了嗎？完全顚倒了，雖然你老公很愛你，但你也不能天天考驗人性。

所以第一個點，在家裏儘可能也要把自己收拾得體，穿個漂亮的家居服，頭髮理一理，你自己會很舒服的，讓家裏人也會比較舒服，我深有感觸。

第二個點，從「能量守恆定律」來看，你想要什麼，你就得把什麼給出去。女生想要美麗，就要把美麗給出去，怎麼給？鮮花代表美麗，你送人禮物送鮮花呀，這不就是把美麗給出去了嗎？我有一個阿姨五十歲了，她太知道這個秘密，一直在這樣做，氣質好得不得了。

還可以怎麼給？你把自己收拾得端莊得體也是把美麗給出去。所以出門見人的時候還是要儘可能把自己打扮得精緻得體，化個淡妝，衣服飾品搭配一下，哪怕讓路人看到你都會感覺到比較舒服、生歡喜心。

但要注意發心，打扮自己絕不是爲了吸引異性、滿足自己的虛榮。如果是這種發心，只會增長自己的傲慢、損自己的福報。發心不同，帶來的結果完全不同。如果你是前者的發心，那就是給自己種下了美麗的種子，再搭配「不發怒」，那麼接下來隨著時間助緣，更多的美麗都會加諸於你。

你冥想的時候，也可以默念一句：希望自己美麗，希望別人美麗，希望所有人都美麗。那這個威力就更大了……

以恕己之心恕人，以責人之心責己。

最成功的人，應該是利益他眾者。哪怕只能利益一個人。

我的宗旨是：一切走中道，內外兼修。一起修心，一起變美。不要太多，也不要太少。

切忌！不要「在紅塵中上吊」

弘一法師晚年稱自己爲「二一先生」，爲什麼？他說自己這一生一無是處，一事無成，所以自稱「二一先生」……大德之所以是大德，都是有原因的。

我很慶倖，在我最開始接觸傳統文化的時候，就被強調了「傲慢」的可怕，天下大病無非一「傲」字。

所謂的「自我感覺良好」，往往就是悲劇的開始。只要一個人一飄，就走上了自我毀滅之路。不信你去觀察很多網紅博主，是不是曇花一現的更多，或是沒過多久便出現了負面問題，或是莫名其妙就消失了……

內在的德行與外在的顯化一定是相匹配的，來得太容易的背後實則暗藏

你抱怨誰，就享不了誰的福。

利他就是積累福報，利己就是消耗福報。

危機。

比如有些名人拍個廣告就能掙幾百萬，這是普通人一輩子也賺不來的。但也別開心得太早，如果外在的顯化是100分，但是內在的德行只有50分，那麼人生中其他通道定會有所缺失。因爲內外必須要達到平衡，這就是天道的規律，不以人的意志爲轉移。更可怕的是，如果這個人非常的傲慢、又自我膨脹，都不知道自己是誰了，那他就會飄得離開地面，但是頭又頂不到天，這就是「在紅塵中上吊」的狀態。

現在很多人都不懂得這一點，做的事情都是在製造內外不平衡的狀態。如果你現在已經意識到自己的內外不平衡了，怎麼辦呢？以我爲例，我目前有數萬粉絲，但我明顯感覺自己的內在功力支撐不了，所以我就要更加謙卑，通過培養謙卑的美德和品質，來平衡外在的顯化。

看一個人有沒有福報、有沒有出息，你要看他在取得成績之後怎麼樣，如果他取得一點點成績之後就開始沾沾自喜、誇誇其談不可一世，那他就不會有什麼出息。除非他改變自己的心，如果他不在乎自己取得了什麼成績，非常謙虛，不斷精益求精，那他就必然是一個有出息的人。換句話說，一個人面對成功的態度，可以看出他的福報和發展潛力。

謙卑的背後，也是一個人的自知之明，和對天道的領悟。《道德經》講：知人者智，自知者明。每個人現在可以反觀自己，自己曾做過的那些拿不出手的事情，又有多少？人一旦看清自己，恐怕就沒有勇氣去評價任何人了。

希望我們之間可以有一個約定，從當下開始，你要確保，這一生無論你有多大的成就，當了多大的官，有了多大的權利，賺了多少錢，都要待人誠懇，對人尊重，不翹尾巴。而且，你一謙卑，就回到了歸零狀態，一歸零，你又可以獲取更多智慧，從而繼續向上成長，這即是「是以聖人終不為大，

你要感恩那些讓你起情緒的人事物，因為這就是修行的契機。

故能成其大」。

一旦你向上成長，內心的定力就會隨之增加，定力一增加，下次遇到事情的時候，你內心的躁動幅度就會下降，這樣距離聖人的境界就又近了一步，這卽是「每臨大事有靜氣，不信今時無古賢」。

如果你的智慧不能降服心中的傲慢，那就發願做這個世界上最無用之人。這是一個極端的方法，但往往可以瞬間化解你的貢高我慢。我會把自己的座右銘定爲：在整個世界上，我是最卑劣的人。這句話瓦解了我當時的自我感覺良好，並時刻提醒自己惟謙受福。

將「謙德」銘記於心，你會終身受益。

人生啓示！高人給南懷瑾的心法是什麼？

中國傳統文化裏面有一個特別經典的詞語叫「難得糊塗」。的確是這樣，作爲人，難得的眞的是「糊塗」。

在生活中並不是所有的事情一定要刨根問底的。如果一個人在生活中遇到任何事情，都特別喜歡去追根究底、「破案」，那這樣的人往往幸福感是很低的。卽使你證明了你是對的，全世界的人都是錯的，可你眞的幸福嗎？

當年南懷瑾先生去拜訪一位老道士，這位老道士其實是不太好見到的，但是因爲南懷瑾先生特別虔誠，感動了這位道士，於是他決定接見南懷瑾先生。這位道士見到南懷瑾先生之後，開門見山說了一句話，「你不是我這個道門的人，但是念在你特別虔誠，我傳授給你兩個心法。」

人只有靜下來，才能想清楚自己該做什麼。

這裏我分享其中一個心法，短短的一句話，但是特別有力量，特別耐人尋味。這位道士對南懷瑾先生說：「人的心就像拳頭這麼大，一輩子不要放太多事情，事情過去了就過去了，過去了就沒有了。」

就是這樣短短的一句話讓我頓悟了，確實是這樣子，事情過去了就過去了，過去了就沒有了，沒有了就不存在了，不存在了就空掉了。

那爲什麼我們要經常爲了已經空掉的事情，而苦苦折磨當下的自己呢？這其實是在作繭自縛。我特別希望給到那些愛翻舊賬、愛糾結過去的朋友，哪怕那麼一點點啓示。

一念放下，萬般自在。心安卽是歸處，心安才是眞正的快樂。那怎麼樣獲得心安呢？《心經》裏面是這樣開示的：心無掛礙，無掛礙故，無有恐怖，遠離顚倒夢想，究竟涅槃。

讓過去過去，讓現在現在，讓未來未來。

命運饋贈的禮物，早已在暗中標好了價格

茨威格說過一句話：「命運饋贈的禮物，早已在暗中標好了價格。」這句話，明理的人一聽就能感受到是怎麼回事，人世間一切的住、用、享受、幸運，被茨威格定義成了「命運饋贈的禮物」。而這些「禮物」，全部都在暗中標好了價格，這個「價格」指的並不是人世間的金錢。這個世界永遠是由「看不見」的，決定「看得見」的。

「暗中標好了價格」，你可以理解爲「福報」。我們每個人現在所得到的一切美好的身心、事業、家庭，都是自己福報的變現。所以沒必要因此而沾沾自喜，因爲這美好的一切都在暗中標好了價格，這部分福報變現掉了就沒有了。

平靜以致遠，平靜才是最大的愛。

比如我結婚的時候，就沒要雙方家長給的錢。很多人說我傻，傻嗎？我留著這個福報有什麼不好，只要沒有變現就一直還在，誰都搶不走的，還有利息呢。

當明白了這個規律，就會減少自己的很多貪著，因爲能貪著到的一切也都在暗中標好了價格，變現的都是自己的福報，而且減少了貪著也會消除很多不安。畢竟有求才會有苦，沒有求哪來的苦？

前幾天有個朋友跟我說，他現在所處的行業內卷很嚴重，他很焦慮，不知道該怎麼辦？這其實也是很多人的疑惑，我在此統一回答：你所有的焦慮都可以匯成三個字——你缺德。或者用茨威格的方式來說，你支付不起暗中標好的那個價格。

怎麼解？你有沒有發現，不管行業多低迷，經濟多蕭條，總有人能掙錢；不管行業多火爆，經濟多繁榮，但總有人虧錢……本質問題是什麼？眞正有福報之人是不受外境所影響的，反之你懂的。

有的人做什麼都賺錢，那其實是福德力量，不是他有生意頭腦。有生意頭腦，很聰明的人，福報不夠，一樣做不成。修行，福報很重要。要遇到善知識，也要有福報。能傳播正見，也要有福報。能有人護持，也要有福報。哪怕你只想做點小生意，也要有福報。不要說，他運氣好，突然發財了。哪有運氣好的問題？都是福報現前而已。

精勤如山王，不如積微福。有福之人不用忙，無福之人跑斷腸。

寧靜無煩惱，是為最吉祥。

善不積不足以成名，惡不積不足以滅身。

改變命運的根源在這裏

印記法則的核心：你給出去的，不管是好的還是不好的，將來有一天都會回到自己身上。你當下經歷的一切人事物，都是自己曾經給出去的，回到自己身上罷了。自己是一切的根源，自己是一切的答案。

有朋友會產生這樣的疑問：「我老公總是看電視看一整天，而且經常這樣子，完全忽視我，這已經成爲我的心病了。然後我反觀自己，我並沒有長時間看電視看一整天。爲什麼我會經歷這樣的事情呢？」

其實這也是很多朋友的疑問，就是自己當下經歷的負面事件，仔細回想自己曾經並沒有給出去過，那爲什麼還會遇到呢？這裏我給出一個全新的答案，讓你恍然大悟。

種子雖小，但果實巨大，一個西瓜遠比一顆西瓜種子要大得多得多。

比如說剛才這位女生的疑問，很有可能就是她曾經在某些不經意的時候忽視了別人，種下了一顆顆「忽視」的種子，而這些「忽視」的種子開花結果了，就投射出了一個長時間看電視且忽視她的老公。

如果某件事情發生在你身上，你不喜歡它，那麼停止對他人做這樣的事情。要想改變還是得從自身下手。

首先，要欣然接納那個長時間看電視、忽視自己的老公，不要動氣，消了之前自己忽視他人的負面種子。然後再有意識地去傾聽他人的心聲，種下新的好的種子，這樣就會逐漸進入一個正向循環。

我們經常經歷一些負面事件，但這並不代表我們就是一群邪惡的人。因爲我們每天每分每秒都在種種子，而且我們時時刻刻傾向於抱持一些負面的念頭。比如說「這個人眞是討厭」「我媽眞囉嗦」等等。這些看似都是芝麻

人生承受能力有多大，自然力給人的福報就會有多大。

低谷期，是上天給你重生的機會。

綠豆的小事，但是每個念頭它都是一顆種子。種子雖小，但將來結出的果實巨大，正是這些小種子在控制我們的生命。

你現在經歷的負面事件，很有可能就是你曾經的一個負面念頭，因緣和合而顯化的果實。所以眞正有智慧的人都在控制源頭：保持覺知，善護念。

學會這招，發呆都在積福報

最強有力種種子的方式就是：晚上當你躺在床上，回想自己一天所有利益他人的善行。這也是麥克．羅奇格西創立「安鼎國際」鑽石公司時的秘密武器，也是著名的「咖啡冥想」。

有些踐行的朋友會這樣回饋說：「臨睡前確實踐行咖啡冥想了，但是總覺得有一點吃力。」我想回復你的是：「吃力就對了。」這說明你的意識肌肉正在被訓練。相反，如果說一個人的意識肌肉總是得不到訓練，那麼你懂的，臨睡前大腦裏都只會是一些無意義的、甚至是負面的胡思亂想，毫無價值可言。

我們每個人的人性裏面都有一種特別不易被覺察的惡，就是「幸災樂

人生平靜接納一切，就是真善。

禍」，不希望他人好。這樣最終帶來的結果，就是自己在一些關鍵時刻，總是會出現一些不如願、事與願違的情況，這跟每個人的心願「所願皆成」是相背離的。

要想改變，就要徹底斷掉幸災樂禍的念頭，希望所有人都能如願，但是說起來容易，做起來還挺難的。爲什麼呢？因爲不經意間那些幸災樂禍的念頭總是會冒出來，這其實是我們過去串習的不良習氣所致，要想改變，也是需要被訓練的。

給大家一個《小女生職場修行記》作者水青老師分享的非常好的方法，就是每天躺在床上的時候，或者臨睡覺前，或者任意時刻默念四句話：「願我家庭圓滿、順利、平安、吉祥；願你家庭圓滿、順利、平安、吉祥；願所有人家庭圓滿、順利、平安、吉祥；願一切眾生都能早日解脫、覺悟。」

不斷地重複這四句話，多少時間都可以。慢慢地，你的意識肌肉就會被訓練成默認利他的模式。再慢慢地，你就會投射出一個如你願的世界。

控制自己的意識流向，這才是冥想的眞正目標。當我們通過冥想，將自己的無意識也調整成利他的模式，就離成聖成賢又近了一步。

不捨分享的秘密：心有多靜，福就有多深。

不要輕易評論他人的是非功過，因爲你看到的，只是業力允許你看到的。

生活處處是修行

只要發心正確，任何問題都能迎刃而解，無論是修行，還是生活。

不要在別人對你的評價裏停留半秒，
但要在你對別人的評價裏修行一生。

做任何事之前，先反問自己的發心

我之前陷入過一個誤區，就是，凡事看表象。比如我會認爲，罵人就一定是不對的，懲戒別人就是不慈悲……但實則這是大錯特錯的。分享一則《了凡四訓》公案：

從前文懿公呂原剛剛辭去相位，回到家鄉，全國民衆敬仰他，就如同敬仰泰山、北斗一樣。有一個同鄉人酒醉之後辱罵呂原先生，呂原先生沒有生氣，對自己的僕人說：「他是喝醉酒的人，不要與他計較。」於是就關上門躲開他。過了一年，那個同鄉人犯了死罪被關入大牢。呂原先生這才開始後悔，說：「如果當時與他稍微計較一下，把他送到官府責罰一番，就可以通過小的責罰給他一個極大的提醒。而我當時只想要心存仁厚，沒有想到竟然

你越想控制什麼，就被什麼控制。

助長了他的惡習，以至於落到如今這個地步。」

這個案例已經充分說明，有時候給予對方一些苦頭，不代表不慈悲，反而可能是更大的慈悲。同理，劈頭蓋臉把對方罵一頓，如果你的發心是想要把對方罵醒，這不僅不是惡，反而是更大的善。比如你發心是想要拯救對方，從而「問候」了對方的祖宗十八代，從而讓對方覺醒了。我相信，如果對方祖宗十八代顯靈的話，一定第一個護佑你，因爲你護佑了他的子孫。所以行善，實則是需要高度的智慧與福報。不論是身、口、意的任何行爲，最重要的還是這些行爲背後的發心，其背後的發心起了決定性作用。

做任何事情之前，先反問一下自己的發心是什麼？動機至善，才是一個人精神力量的眞實源泉。稻盛和夫深諳其道，所以在每次創業之初，他都會率先思考，自己做這件事的動機是否眞的對世人有利？是不是利他行爲？此行的動機是否至善、私心了無？一旦確定，稻盛和夫才會安心行動，而每次的結果也都能收穫成功。稻盛和夫白手起家，獨立創建過兩家進入了世界500強的公司，更在78歲時把第三家世界500強企業——日本航空，拉出了巨虧的泥潭，這個記錄前無古人，後無來者。

相傳宋代名人范仲淹自幼學習非常刻苦，而且志向遠大。一次他與一位先生談到將來前途的問題，范仲淹說：「不爲良相便爲良醫。」先生問他的志向爲什麼這麼懸殊，他回答說：「唯有良相良醫可以救人。」後來范仲淹果然當了宰相，他不但在朝理政，而且還是有名的思想家、文學家。我們今天所傳誦的「先天下之憂而憂，後天下之樂而樂」，就是他的名言。

周總理小時候也說過：「爲中華崛起而讀書。」王陽明也說過：「志不立，天下無可成之事。」一切始於心，終於心。你的心在什麼層次，命運就在什麼層次。只要發心正確，所有的問題都會迎刃而解，無論是修行還是生活。

你必須要擁有很大的福德，才能遇見那個叫醒你的人。

欲無煩惱須無我，各有因緣莫羨人。

一股神秘力量在保護你

我最近又看了一遍王陽明傳記，我把這次的關注點主要放在了他短暫的一生多次死裏逃生的經歷上，不禁感慨，有一點玄學的成分在。因爲本都是必死無疑的卡點，王陽明怎麼就能一次次僥倖逃脫呢？

再舉一些案例，比如大環境再差，總有那麼一些人是不受大環境影響的，依然可以過得很好。再比如樓上一盆花砸下來了，本來要砸到站在樓下的那個人身上，但是就在花盆快要砸到他的前幾秒，他接了一個電話走開了……你能說這種事情沒有一股神秘的力量在保護他嗎？而且這樣的案例比比皆是。

其實人這一生，「平安」它不是無緣無故的，冥冥之中要有非常多的保護力量，才能保護我們平安，那這個力量到底是什麼呢？其實是一個人的陰德，也可以理解爲一個人的福報。一個有陰德的人和很多人在一起，遇到了同樣的逆境，其他人可能就出不來了，甚至就掛掉了，但是他就可以化險爲夷，因爲他有金鐘罩鐵布衫，陰德在發揮作用。

新年，每個地方都有祈求平安的儀式或者習俗，而現在你會非常清晰，平安不是求來的，而是自己修來的，當你明白這個道理之後，未來的人生方向都會變得清晰很多。

以我爲例，我是一個典型焦慮、負面思考型人格，總是害怕以後會發生不好的事情。比如，我會不會被人陷害啊？我會不會破產啊？我以後會不會坐牢啊？等等等等。提前焦慮，一直都走不出來，誰勸都沒用，直到領悟以下智慧，我才是眞的從這些陰影裏解脫出來。

如果未來我被人陷害了，那被陷害其實只是一個助緣、陽光雨露，種

不受他人眼光所左右，你將獲得無限的力量。

子還是在我自己身上。相反，如果我本身沒有那一顆惡的種子，誰陷害我都沒有用。如果我希望自己未來過得幸福，那麼只有猛烈地去積陰德，只有陰德，才會在一些關鍵時刻跳出來，成爲保護我的金鐘罩鐵布衫。

曾仕強老師預言未來會缺水、缺土、缺糧、缺人……而終其原因只有一個：缺德。所以如果你不想成爲那個被缺掉的人，好好補德。積德者贏！積德者勝！

陽明先生小像

凡是真實的不受任何威脅，凡是不真實的根本不存在。

我的眞面目：髒話連篇，爆粗口

現在有些人叫我「小焓老師」，我都是拒絕的，因爲「老師」這兩個字，我是眞的擔不起。做博主幾年過去了，出了那麼多內容，其實這是一場關於我本人的「自我療愈」之旅，每遇到一個痛點，對治一個痛點，再把我對治的方法分享出來，僅此。所以我根本不是什麼老師，更不是什麼有文化的人，僅僅是一個「自我療愈」的分享者。

而現在有很多朋友，只看到了我展示出來的形象，就單方面把我定義爲「修爲很高的人」。對於這個情況，我只能說這中間出現了較大的認知偏差，因爲你們只看到了我在鏡頭裏的一面，而生活中我最私密的一面你們是沒見過的，我今天就要把我最私密的卑劣分享出來。

在生活中，不管對方是誰，如果不可理喻到一定程度把我逼急眼了，恰好我那會兒又忘失覺知，沒有意識到一切都是我意識印記的投影，我是會爆粗口、罵髒話的，甚至問候對方祖宗十八代，惡口的程度令人髮指。

這就是我的最低處，極度的惡口。其實我一直能意識到這個問題，但是習氣這個東西眞的很難改。平時都好好的，但是極其惡劣超出我三觀的對境來了，又開始髒話連篇了。前幾天元旦，到了後半夜我還沒睡著，我就想著，新的一年，我要徹底改掉我的髒話連篇，不管外境顯現的對境多麼惡劣，髒話連篇是解決不了任何問題的，我一定不能再罵髒話了，而且我要贖罪。

怎麼贖罪呢？方法分享給大家：從今天開始，我們各自回想一下各自的一生。你恨的那些人，你放不下的那些事，你都把他們定義爲有罪，但是如果你眞的想贖罪，你就得在你自己的心裏把他們的罪一一地赦免，只有這樣，你的罪才有被赦免的機會。

從當下開始，不再愛恨情仇你過去的愛恨情仇，學會忘記，忘記以前所有的愛恨情仇，忘記以前的痛苦，忘記以前的罪業，重新地獲得新生，以一個新生兒的心態來面對接下來的每一天。

願我的坦誠相待，能換來你的痛定思痛，眞正發心去改掉一項自己的惡習。

虧損失敗自取受，
利益勝利奉獻他。

一個人心靈越寧靜，智慧越高，預知能力也會越強。

提高心量，根源在這裏

現在有很多人已經意識到了，自己的心量確實很小、心胸狹隘。也想要擴大一點，但是做不到，每次想要拿點錢去做捐助的時候，那個不捨得呀。你之所以這樣，根源是因爲「不明理」。

不明理的人，就會覺得，自己捐助了就失去了，自己本來就沒什麼錢，一給出去，不就什麼都沒有了嗎？這就是典型的「迷惑顛倒」。而眞相是：予非失，乃存也。什麼意思？你給任何人錢，其實都是在存錢，「付出」其實是在「得到」，「得到」其實是在「失去」。

比如說你捐助了，看起來是失去了，但是實際上你得到了更大的福報，而一切都是福報的變現，未來你只會變現更多。而當你得到時，看起來你是得到了一些物質上的東西，但是實際上你失去的是你的福報，因爲一切的得到，都是自己福報的變現。

現在很多人結婚，一下子得到了好多錢，得到了大房子，就感覺自己的人生已經到達了高潮，真的到達了嗎？福禍是相依的，實際上是兌現了自己的福報。當我明理了之後，我一般都是主動出擊，去做那個發紅包的人，去做那個捐助的人。

那有人會問：「別人給我什麼都不要接收了嗎？」其實是這樣的，得到確實是在失去，但是你調整自己的發心，爲成全別人把自己變成福田讓別人來播種，欣然地接納別人的給予，這其實是更大的福報。

有一對夫妻，他們年輕的時候就賺了一大筆錢，於是便提前退休了。退休了之後閑著沒事做，就到處去做好事、去做捐助。但是到目前爲止，他們不但沒有因爲做捐助把自己掏空，反而越來越有錢。

當浮躁的雜念下降，才有機會看見內心的光明。

國內有一位講國學的老師，他也是這樣，自己的心思平時基本都放在了做慈善做捐助上面，但是自己從來沒有因此而變窮，反而稀裏糊塗掙了很多錢。

再分享一個「道」的奧秘：去分享你自己最不捨得的東西，分享自己最好的東西，就會得到最好的回報，這種回報妙不可言。

一念一心田

你們知道爲什麼古人把「心」稱之爲「心田」或者「心地」嗎？因爲人一動念就在「心」上留下了印記，或者說播了種子。王陽明說過這樣一句話：「一念發動處便是行。」

念頭分爲三種：善的念頭，惡的念頭，無善無惡的念頭。

「善的念頭」升起來，就相當於你在自己的心田上種了鮮花；「惡的念頭」升起來，就相當於你在自己的心田上種了毒樹；「無善無惡的念頭」升起來，就相當於你在自己的心田上種了雜草。

種子種下去了，之後隨著光合作用都會開花結果的。所以你未來的生活是否會幸福美滿，最簡單的判斷方法之一就是，你問問你自己，你每天升起

謙卑的智慧：虛懷若谷，謙恭自守。

風吹梁上瓦，瓦落破我頭。我不怨此瓦，此瓦不自由。

的是善的念頭多，還是惡的念頭多。如果是善的念頭多，就是每天在自己的心田上種花，那你的未來將如花一般，反之……

意念是可以被訓練的：

每當自己身上發生什麼好事的時候，把這種好事的種子繼續擴大。比如你昨晚睡了個好覺，你就可以在心裏祈願，願所有人、所有動物都能睡個這麼好的覺；比如當你賺到錢的時候，你就可以在心裏祈願，願所有人財富圓滿；比如當你看到了美麗的風景，你就可以在心裏祈願，願所有人都能看到如此美好的風景……其他以此類推。

一切福田都離不開「心地」，哪怕你單單只有一個善念，也絕不要小看它，這值得讚賞，因爲所有的小水滴，都會匯集成廣闊的大海。不積跬步，無以至千里。同樣，不積小善，無以成大德。

當你看見山，你已在山之外；
當你看見河，你已在河之外。
當你能看見自己的任何情緒，你就已在情緒之外。
你就是自己的觀察者，這就是覺。

把目光放回到自己身上，是最聰明的活法。

讓別人有所得，即是修自己的德

我之前得過嚴重的焦慮症，所以我體驗過那種地獄般的感覺。其實很大一部分焦慮來自於「算計」。算計自己的得與失，付出了如果沒得到相應的回報就恨，恨得自己胸口疼，算來算去把我自己給算進去了。應了曹雪芹給王熙鳳的判詞：機關算盡太聰明，反誤了卿卿性命。

直到接觸了兩句聖賢教言，我才徹悟，一句是「人算不如天算」，另一句是「天之道，損有餘而補不足」。

什麼是「人算」呢？就是自己天天算計自己的得與失。什麼是「天算」呢？就是你根本不用費盡心思去算計，自然力會通過各種渠道、方式匹配給你與你德行相匹配的一切人事物。

所以算來算去，除了讓自己焦慮，還有什麼意義呢？天天算計並不能讓自己的生活好起來。因爲得到的都是與自己的德行相匹配的，但凡得到的超出了自己的德行，那麼天道就會「損有餘」，通過各種你無法抗拒的方式收走，比如敗家子、醫藥費、虧損……

而那些開智慧的人，根本不會花心思去計較眼前的得與失，你多拿點就多拿點了，誰願意佔點就佔點吧。可到最後，這樣的人不僅內心淡然平和，而且過得越來越好。爲什麼呢？因爲天道是「補不足」的，你的德行本該匹配這些，卻被別人佔走了，那自然力就會通過其他各種渠道、方式再補給你。

一切都是平衡的，你現在得到的一切，都暗合自己的德，你算計或者不算計都改變不了任何。

所有的過錯要歸咎於自己，所有的利益奉獻於他人。對任何一個人，隨

你小，小人即結；你大，小人即離。

能改變自己的都是神，想改變別人的都是神經病。

時都要有感恩之心。你的境界、財富再了不起，也應該有一種自我監督和自我批評的態度。讓別人從我們這裏有所得，就是在修我們自己的德。(根據自己的心量朝這個方向努力卽可　無任何PUA ^.^)

未知全貌，不予置評

據說曾經在一個村落裏面住著一個禪師，他德高望重，大家都對他非常敬仰。但有一天，村裏有一個少女未婚先孕了，家裏人就追問她孩子的父親是誰，少女由於種種因素不想說出孩子的父親是誰，就隨口說是村裏的那個禪師。

然後村民們就到禪師家裏去唾罵他，向他吐口水。面對不實的謾罵和指控，禪師只說了一句話：「是這樣的嗎？」此後就沒有人再理會禪師了，村民們偶然看到他都是投以鄙視的眼光。

之後少女生下了孩子，少女的父母親就把孩子帶到禪師家，說：「你的孩子你自己養。」禪師還是說了同樣的話：「是這樣的嗎？」然後接過孩

你看到的世界，都是由自己過往的銘印所投射出來的。

子，就開始撫養了。

後來少女的父母親發現少女和一名少年屠夫關係密切，百般追問後才得知孩子的眞實父親正是這個屠夫。眞相大白之後，村民們又集合在禪師家門口向禪師道歉，並且要抱走孩子。禪師依然只說了一句話：「是這樣的嗎？」

還有一個女人很命苦，丈夫早早死去了，兩個兒子也得了癌症離她而去，她一個人孤苦伶仃的，於是她決定去投奔她失散多年在外地的姐姐。而她姐姐一聽到她要過來，非常反對，直接嚴詞拒絕了。但她還是到了姐姐所在的城市，可姐姐也只是見了她兩次，都沒邀請她回家坐坐。

如果故事到此爲止，你會作何評價？

但你知道爲什麼姐姐會這樣呢？原來之前每次見面，妹妹都覺得姐姐欠了她的，因爲姐姐嫁得比她好，她每次和姐姐見面都要挖苦姐姐，嫌姐姐沒有最大力度地幫襯自己，還認爲自己嫁得不好都是姐姐克的，還向姐姐理所應當地要錢。有一次口氣更大，讓姐姐不要一次只給她一個月的了，要一次性給她五年的，因爲她不確定姐姐家還會有錢多少年……

以上兩個故事充分詮釋了一句話：未知全貌，不予置評。所以不要輕易地去論斷他人，因爲很有可能我們看到聽到的只是冰山一角，再加上我們每個人的認知都不一樣。就像《殺死一只知更鳥》裏面寫的：你永遠也不可能眞正了解一個人，除非你穿上他的鞋子走來走去，站在他的角度思考問題。可當你眞正走過他走過的路時，你連路過都會覺得難過。有時候你所看到的，並非事實眞相，你了解的，不過是浮在水面上的冰山一角。

與人交往時也應該注意，給別人留一些空間。不要以「我是好心」爲理由，給別人加很多條條框框。適合你的，不一定適合他。

施捨不為人知，才是真正的善行。

修心多年，最大的收穫

早幾年，我也有過同樣的卡點，就是在面對一些水逆不順的時候，我就會抱怨：「我行善積德多年，怎麼還會遇到這麼糟心的事？」其實這是一個非常錯誤的見地，就是認爲自己修行之後，接下來的日子一定會越來越好，不應該出現任何不順。

祖師大德都有水逆，比如本煥長老、王陽明、星雲大師……他們的水逆更嚴重，何況我們這種無德之人。我們要建立正確的見地，就是在修行之後還會遇到各種水逆，這是由於自己過去種下的負面種子所致，和自己當下的「播種幸福」無關。而自己當下的「播種幸福」會在未來的某一天成熟顯化，這是兩條不同的綫路，不相干擾。

每個人都有一個業力之輪，它就掌握在你自己手中，沒有其他人爲你做記錄。當你的身語意有所動作的時候，業就會被記錄下來，隨著你的心識之流，不停地流動。從你出生的那一刻起，業力就緊緊地跟隨著你，別人只能爲你指引方向，但無法改變你的業力，只能由你自己來承擔。每個人要對自己的境緣承擔起100%的責任。

你一切的經歷都是本該經歷的，遇到的人都是本該遇到的，一切的發生都是必然。你遇到的每一個人、每一件事情，不管是對你好的，還是傷害你的，都是你命運劇本裏本該出現的，根本躲不掉，沒有無緣無故的事情。這即是「行有不得，反求諸己」。

這些年經歷過「千刀萬剮」之後，我發現，人的心一旦平靜下來，外境不管變不變，其實也影響不了自己什麼了。比如面對一件水逆的事情，在你修心之前你就會陷進去，甚至會因此而煩躁地吃不下睡不著。但是在你修心

任何想改變別人的念頭，都不要有。

孟子：學問之道無他，求其放心而已。

之後，同樣再面對這件水逆的事情，你的心可以不爲所動，你該吃吃該喝喝該睡睡，那麼這件水逆的事情實則就對你產生不了什麼太大的傷害。

原來你會受到多少傷害，取決於你動心的程度。不是風動，也不是幡動，而是你的心動了。

這項修心陪練，免費！

前幾年我了解過一種修心課程，學費要好幾個W，其中有一個特色環節：會設立不同的磨難關卡。期間會安排各種陪練來刺激你，只爲訓練你如如不動，練就一身「不動心」的本事。這個環節的設計是在道上的，畢竟心不動萬物則不動。而且忍辱也好、打開心量也罷，也都是需要有對境的。

其實這筆學費可以省，你現實生活中的那些煩惱、麻煩、小人……這些不都是眞實的對境嗎？還免費，不需要花幾個W去上課。現在改變認知，把生活中一切的不順水逆全部當作「陪練」來對待。小修在深山，大修在人間，生活就是最好的道場。如何處理跟另一半的關係、如何處理跟同事的關係、如何處理跟孩子的關係……這本身就是在修行。

要學習像太陽一樣，只是發出光和熱。

無論你遇到了什麼難題，其實最終都是你自己能解決的，老天不會給你一個讓你背不動的包袱，你所經歷的痛苦也都在你承受範圍之內。比如你月薪幾千就絕對不可能像「負豪」一樣負債上億；比如你是一個小職員就不會像管理層一樣爭鬥得頭疼……我們每個人遇到的一切都與自己的能量層級相匹配。要想提高自身能量層級，最根本的方式就是通過一個個生活給予的考試，每一次水逆就是一道考題，你考過了，能量層級就升一級，考不過，就只能停留在原地。

我找到了一個快速考過的方法，特別玄妙！只要在水逆來臨時，你能跳出你自己，意識到本次的水逆只是一道考題，那麼你根本無需解題，就已經通關了。反之，你陷入本次水逆，意識不到它其實是個考題，那麼不管你怎麼解，你都只能卡在這一關。

煩惱每出現一次，你就被訓練了一次，煩惱越大，對境越殊勝，背後等待你的福報顯現也越大。心念徹底一反轉，一切都不一樣了。現在大多數人根本看不懂天道，對自己好的人未必能夠成就自己，而那些傷害自己的人事物，才是能助力自己最終成就的如意珍寶。

比如說，有些人能量層級提升後，反而在單位被穿了小鞋，最終導致自己被開除，不明理的人就將此定義爲苦。而眞相是，這個單位已經無法匹配他當下的能量層級，而給他穿小鞋的人，實則只是一個助緣，引領他步入與他相匹配的能量層級。再比如說，有些從事殺生工作的人開始行善積德了，結果生意反而一落千丈，這實則是天道對他巨大的眷顧。

克服恐懼最好的方法就是直面恐懼。

像禮物一樣，出現在別人的生命裏。

一句話瞬間幫你打開心量

學了傳統文化之後，我們已經徹底明白了：己欲獲得，先助他人。利他才是眞正的利己。這個世界上所有的快樂，都來自於希望別人快樂；這個世界上所有的痛苦，都來自於只希望自己快樂。愛出者愛返。

但在現實生活中去踐行的時候，還是很容易出現各種卡點。比如傳統文化說：佈施，是財富眞正的因。但當你眞的去踐行佈施的時候，那些「小我」又冒出來了，「我自己都快沒錢了，我還要給出去？」再比如，當你有能力去成全他人的時候（弱者拆臺、強者補臺、智者搭臺），這本是一件播種幸福的善事，但是在落實的時候，你心裏可能還會有一點不平衡。這實則是我們每個人過去串習的私欲習氣所致。

這種私欲習氣主要是指：慳貪。如果你經常有佔便宜的心，老是想著從這裏拿一點，從那裏拿一點……就說明你內心很匱乏，這就是貧窮的因。從「相由心生」的角度來看，這種心理狀態易感召貧窮的生活環境，有相應的心理，就會有相應的境緣。要想感召富足，必須調伏慳貪的心理狀態。而對治慳貪最好的方法就是：給予。不去佔別人的便宜，不但不佔別人便宜，還要去付出。同時，看到他人付出就開心，看到他人偷盜就規勸。而且千萬要注意，要教導孩子從小學會以富足的心態對待一切，特別是對待公家的東西、公用的東西，一定不要有佔便宜的心。

很多人想要求財、求富貴，很努力地做各種各樣的工作，早出晚歸卻也賺不到錢，這並不是因爲你沒有能力、不夠努力，而是因爲你以前沒有財富的種子，所以雖然你很努力，但效果也不好。我們也看到社會很多人不努力照樣很有錢，那並不是因爲他們運氣好，而是因爲他們過去積累了很多財富

一個人的覺醒，1%靠別人提醒，99%靠「千刀萬剮」。

的種子。所以，你祈求財神，不如把自己先變成財神。其實財神就像西方的聖誕老人一樣，是到處去送禮物的人，是到處賜予財富的人。當你把匱乏的心態調整爲知足、慷慨的模式，並且以一種富足、慈悲、開放、包容、利他的心態去面對這個世界的時候，你會看到這個世界發生了變化，你會處在一個富足的世界裏面，你會變得越來越豐富，人生就會進入一個良性的循環。相反，如果你一直保持匱乏的心態，就會一直處在負面的惡性循環裏，匱乏的心態只會導致更加匱乏。這樣的話，哪怕「財神降臨」也幫不上你什麼忙。

三日不讀聖賢書，面目全非；一日不思聖賢教言，煩惱紛飛。對於善知識不僅要時常熏習，更要去做。知道，是沒有力量的；知道並做到，才有力量。以富足的心態不斷地去利益他人，哪怕點點滴滴，每天去做一些利益他人的事情，錢也好、物也好、食物也好……在你的能力範圍之內，盡量去利益到你能觸達的每一個人。當你這樣做的時候，其實你會很快樂，甚至體會到「施比受快樂」的高級喜悅之感，同時你會越來越富足。慷慨富足的心態會帶來更多的富足。這就是在培養一顆「富貴心」，而且如果你能持續這樣做，從本質上來看，你已經變成了財神，因爲你在「施予衆生」。

做博主以來，我推火了一些善書，這些書在全網的銷量都得到了提升，但是錢都不進我口袋的。對此，我媽還有點想不開呢。然後我就告訴她：「推薦這些書的價值，是金錢無法衡量的，很多人會因爲看到這些書的內容而受益，這也是變相種下了佈施智慧的種子，而佈施智慧又是迅速積累福報的方式，而這個世界的規律又是福報決定一切，這是用多少商業公式都無法換算的！」我媽好像還是似懂非懂。

然後我直接放大招對她說了一句話，她瞬間好像被打通了任督二脈。當你在踐行利他行爲時，如果遇到了卡點，也請想起這句能量極強的箴言：若欲長久利己者，暫時利他乃竅訣。

愛出者愛返，福往者福來。

切忌「一屁打過江」

其實修得好不好的標準不在於你讀了多少經典，也不在於你是否能出口成章，主要檢測方式就是王陽明倡導的事上磨練，在面對一些逆境、磨難出現的時候，你的心是不是還能保持平和。按照這個標準，其實大多數人都是「一屁打過江」。

何爲「一屁打過江」？當年蘇東坡寫了一首詩：稽首天中天，毫光照大千。八風吹不動，端坐紫金蓮。他感覺自己寫得挺好，讓侍者馬上划船前往金山寺拿給佛印禪師看，佛印禪師看到後直接說了兩個字：放屁。蘇東坡知道後，馬上去金山寺找佛印禪師興師問罪，結果發現金山寺大門緊閉，留下了一行字：八風吹不動，一屁打過江。蘇東坡瞬間恍然大悟，羞愧低頭，

「哎，還是得修！」

要想對治「一屁打過江」，就要去突破那些讓你感覺不舒服的人事物，比如你最討厭聽到的某句話、某個挑釁、某個鄙視的神情……為什麼要因此而生氣呢？即便是那些聖者，一生中也要忍受許多的非議和誹謗，何況我們只是普通人。作爲凡夫，我們不可能解決生命中的所有問題，對於那些你必須面對和令你感到痛苦的事情，只要保持覺知就可以了。

正念之道的核心就是：不論你在做什麼，都要保持覺知。如果你能夠保持覺知，你的情緒障礙就會消失。當你感到快樂時，不要陷入快樂當中；當你感到悲傷時，也不要陷入悲傷當中。不論內心升起什麼樣的情緒都不要擔心，只要覺知它就好了，不要被情緒帶走。

試試看去體驗讓你不舒服的感覺，對它保持覺知，和它待在一起。體驗過後你就會發現，那些不舒服的感覺是紙老虎，它並不能把你怎麼樣。並

凡是過去，皆為序曲。

吃虧才是佔便宜，而佔便宜的本質實則是吃虧。

且很快我們就會明白，所有的情緒其實都來自於我們的念頭，除此之外沒有別的。而一旦自己能夠去覺知那些導致情緒產生的念頭，就能擺脫它們的控制。然而，所有的念頭其實都來自於過去或未來，而任何關於過去或未來的念頭，都只是在白白浪費你的時間。只有安住於當下，內心的正念才會越來越強。

要不斷加強自己的覺知能力和專注能力，有知有覺地過日子。在行住坐臥的任何時刻，都要試著保持覺知。

學做一個攝影師

分享一個眞實案例，會讓你的思維頓時打開。有一個女生，她有機緣學習了《了凡四訓》的智慧，她清晰地了解到，行善積德、懺悔改過可以改變命運。於是就開始非常猛烈地去踐行，她只要有時間，週末就去寺院做義工，歡喜地堅持了一年之後，結果發現她的男朋友竟然出軌了，並且和別的女人閃婚。

她就有些崩潰，怎麼會這樣呢？她產生了質疑，「不是行善積德可以改命嗎，怎麼我現在反而被出軌了這麼慘……」結果不到半年，她這位前男友竟然因爲犯罪被抓進去了。這個時候，女生才恍然大悟，原來沒能和這個男生在一起，正是她福德的顯現。

發怒，會降低你的智慧，影響你的判斷。

人一貪就會變貧，君子愛財，取之有道。

還有一個朋友，他踐行傳統文化以後，突然間生意差得一塌糊塗，公司面臨倒閉，最後員工天天上門要工資……他只能被迫轉行了。沒想到，轉行之後他成爲了新行業的佼佼者，而他原來的那個行業也整體被社會淘汰了。他現在恍然大悟：原來他老公司的倒閉是另一種福德的顯現。

再以我爲例，曾有段時間我比較慘，感覺很痛苦，也是因爲這個契機，經善知識指點去了寧波阿育王寺。結果去了阿育王寺，我才了解到，原來繞塔有那麼多好處，我的天！然後我就發心，讓更多人也能去阿育王寺繞塔，種下一些正向的種子。現在我反應過來，如果沒有那會兒的慘，我也不會有機緣推薦千年古剎阿育王寺。

借此分享一則阿育王寺的故事：

宋代阿育王寺有一僧，想維修舍利殿，想到沂親王有勢力，就去化緣，結果親王所捐無幾，該僧悲憤至極，用斧子在舍利殿前砍斷自己的手，流血而死。即時，沂親王家生了一個兒子，嚎哭不止。奶媽抱著他走動，走到掛著的舍利塔圖前面就不哭，離開又哭。於是把圖取下來，奶媽常拿圖對著他，這樣就再也不哭了。

親王對這件事感到奇異，就派人到阿育王寺詢問化緣僧人的情況，知道僧人就在他兒子出生那一天，斷手流血而死。親王於是獨立出資把舍利殿修好。

親王的兒子二十歲時，宋寧宗死了，沒有兒子，就把親王的兒子過繼給他，當了四十一年皇帝，這個皇帝就是宋理宗，他就是這位阿育王寺僧的後身。

最後再給大家一個頓悟，好多人找我訴苦：「自己真的是罪業深重，現在惡果現前。」對此，我只想反問一句：「你確定是惡果嗎？」我看不見得，為什麼呢？在經歷你定義的惡果時，你一定會以各種方式尋求自救，那麼在尋求自救的路上，你經歷的一切、體驗的一切、獲得的一切、精進的一

所有發生皆為你而來，虧的反面就是饋。

切，這實則都是上天在用苦難的方式，指引你去拆開更加豐盛的禮物啊！

當情況發生的時候，永遠要試著從另一個角度去看。一個人應該像一個攝影師，總是在尋找不同的角度。

很多人，low而不自知！我來道破

我剛畢業在職場上班的時候，每天都是和同事一起去飯店點菜吃飯，然後AA制付錢，每一頓飯前我都會拍一張照片，再假裝不經意地發朋友圈，幾乎每天都發。直到有一天，有個熟人在我朋友圈下面留言：「你怎麼每天都吃這麼好？」就是這句話，觸達了我當時內心的癢點，我發朋友圈的目的達到了，我就是想炫耀一下自己每天都吃的很好。

當時的我根本意識不到自己的行爲有多麼low。包括近半年，我竟然覺知到自己有時候在與他人交談時，會不經意間提到自己認識一些有名望的人。雖然是眞實的，但當我深刻內觀時，發現有點攀援，性質和我多年前「炫耀自己吃的好」也沒啥區別。你也別急著嘲笑我，現在有多少人正重複

不逞一時之能，不逞口舌之快。

著類似的行爲而不自知？問問自己的靈魂。

這些其實都是自卑的表現，而想要變得自信，首先你要清晰：基於外在的自信還是很虛的，因爲無常。那眞正的自信是什麼呢？眞正的自信是道德自信。正氣存內，邪不可干。我善養吾浩然之氣。唯有堅定不移地提升自己的道德層級，才是獲得自信的眞正源泉。而且一旦你發心致力於在道德上努力，之後你就會明顯感知到，自己不管是說話還是怎麼樣，底氣都會比較充足。

上善若水，水善利萬物而不爭，處衆人之所惡，故幾於道。水往低處流，但滋養萬物。如水一般，這個世界其實很顚倒，你把自己放得低低的，你的位置就會高高的；你把自己放得高高的，你的位置就會低低的。記得一定不要炫耀，哪怕字裏行間不經意透露出一些優越感都不可以，永遠要保持眞正的謙虛低調，不然在現在這個時空點，會「死」得很快。

其實自卑和傲慢也是一回事兒，所以說不卑不亢。看一個人是否謙虛，不要聽他怎麼說，關鍵看他在生活中的爲人處世，他是怎麼做的。一個有傲慢心的人是承載不住福報的。浮露而不深沉者，其壽不永。

你要克服的是你的虛榮心，是你的炫耀欲。你要對付的，是你的時刻想要衝出來，想要出風頭的小聰明。

超越自我，追求無我。

懂得感恩的人，無論走到哪里，都能給人帶來温暖。

學會這招心法，你天下無敵

很多人是有大福報而不自知的。舉個例子，有個粉絲對我說：「我太沒福報了，一直很慘，想要療愈一下，去寧波阿育王寺繞繞塔吧。」

天呢！我心想，這還沒福報，你以爲誰都有機緣去阿育王寺繞塔啊？他所謂的慘，實則是在另一個維度引導他，你發現了沒？

反正我每一次的人生轉機，都是在遇到了一個超級痛苦的對境後發生的。如果你當下正在經歷痛苦，那麼眞相是：凡是讓你受苦受辱的，後邊都會積累成一個特殊的禮物給你，小辱小禮，大辱大禮，能忍大辱者必有大福。

回歸生活，如果有人正在給你製造痛苦，你知道他是你生命中的什麼人嗎？他是你的人生教練，也是你心性的考官，因爲有他給你製造痛苦，你才會有強大的動力，不斷地突破自己的安全區，改變自己，尋找新的人生轉機，等你心性升級之後，給你製造與之對應痛苦的人就消失了。眞的是這樣，我回想過去給我製造過痛苦讓我升級的人，現在都失聯了。

有人反駁說：「可是給我製造痛苦的人還在折磨我呢，這是怎麼回事啊？」這說明這個教練還有很多東西要教會你，而你目前並沒有學會，在你學會之前他是不會消失的，等你學成的那一天，不用你趕，他莫名其妙就消失了。給你製造痛苦的人，同樣要消耗心力的，別辜負人家，早日學成。

那怎麼樣快速學成呢？秘訣在於：不要把給你製造痛苦的人當成敵人，要明確，他是你的人生教練，並且不對他升起任何嗔恨心，如果能做到，還要去祝福他，那麼可能一瞬間你就學成了。

命運要你成長的時候，總會安排一些不順的人和事來刺激你，當你過往

有福之人不用忙，無福之人跑斷腸。

的觀念崩塌重建的時候，你就長大了。

眞正厲害的人，是天下無敵的人，那什麼樣的人是天下無敵的人呢？答案是：心中沒有敵人的人。

分享一段「無敵」冥想詞：

願我無敵人。願我無危險。
願我無憂惱。願我恆時身心安樂。
願你無敵人。願你無危險。
願你無憂惱。願你恆時身心安樂。
願你們無敵人。願你們無危險。
願你們無憂惱。願你們恆時身心安樂。
願一切衆生無敵人。願一切衆生無危險。
願一切衆生無憂惱。願一切衆生恆時身心安樂。

臨睡前這樣做，轉運！

「猛烈佈施，沒事找事，自討苦吃」，這是近期我大力倡導的福報提升法則，也許有人會反駁說：「不是要隨緣嗎？」那我告訴你，隨緣不是不作爲，而是努力地順其自然，努力地順勢而爲，而不是拿隨緣當藉口，躺平不作爲的，最後隨緣隨得黃花菜都涼了，終其一生碌碌無爲。

先說一下「猛烈佈施」。比如有些人問我：「爲什麼我也開始日行一善了，每天捐一塊錢，已經堅持三個月了，但是我的生活還沒有什麼改變啊？」先拋開你發心的問題和播種的時間差，佈施的額度可以在心量範圍內去提升，儘可能地再猛烈一些，如果能做到的話，把額度的單位提升到千或者萬。切記，要對準三大VIP福田（恩田、悲田、敬田），福田越肥沃，種

沒有佈施者，沒有佈施過程，沒有受施人，一切皆是朝向自己。

子生長越茁壯。（前提是先確保自己的生活）

那爲什麼要「沒事找事」？現在人普遍福德淺薄，已經沒有那麼多隨緣的機會給你了，所以你要「沒事找事」。一個很好的方法，就是每天早上起來就要開始思考：「我今天能利益到別人什麼？」同事、外賣小哥、保安大叔……哪怕你想到沒做到，意識田的種子也已經種下了。有一本好書叫《壽命是自己一點一滴努力來的》，那我告訴你，福報也是自己一點一滴積累來的。

至於「自討苦吃」就很好理解了，比如做義工，提前主動吃苦、幹髒活累活，把以後要吃的苦提前給了了。

很多香港富豪都知道這個原理，他們的孩子從小確實在享受好的生活環境，但同時他們會讓孩子去做義工，去做善事積累新的福報，形成一個良性循環。

這三個步驟完成之後，臨睡前躺在床上，回想今天所有你給予他人的幫助，爲之而歡喜。當我們身心放鬆，滿足於自己爲他人所做的善行，這時所種下的種子威力是巨大的，這跟驕傲無關，但我們樂在其中。

去踐行吧！做，才是得到。

諸事不順，皆因虧孝。

德者本，財者末

所有不以佈施為前提的求財，
都是耍流氓。

把自己的焦慮煩惱先放一放，
把精力傾注在能為這個世界做點什麼，
能為別人做點什麼。

無私分享：財富秘笈

想要發家致富之前，先要把人了解明白，知道人到底是怎麼一回事。

我一般會把人比喻成一棵大樹，因爲人的原理與大樹的原理實在是太像了。如果說你現在養了一棵大樹，你想讓它茁壯成長、枝繁葉茂，你應該怎麼做？你是不是應該去滋養這棵大樹的樹根？是的，要在這棵大樹的樹根上努力，給它澆灌、施肥。把樹根滋養好了，慢慢地，它就成長得枝繁葉茂了。

我們人的德行、福報，就相當於是這棵大樹的樹根，我們能擁有多少財富，擁有多高的地位，就相當於是這棵大樹的樹葉。

你如果想要一棵長得枝繁葉茂的大樹，就應該在它的樹根上努力。那麼

德者本，財者末

隨著你福報的提升，和你不同頻的人會逐漸從你的世界裏消失。

我們人也一樣，你想要擁有財富地位，也要在根本上努力才行。這個根本就是你的德行、福報，你把你的德行、福報提升上來了，自然就枝繁葉茂了，財富地位都是隨著來的東西。所以有一句話說：「錢不是賺來的，錢是修來的。」這個大樹的原理已經詮釋得很明白了。

也許有人會有疑問，說：「我看到現實生活中很多人，他們好像也沒在德行上、根本上去努力啊，怎麼也賺到錢了呢？」他們消耗的是自己曾經積累的福報，如果說他們現在做的行業是不正當的，那麼同時又是給自己種下了負面種子，等到他們曾經積累的福報全部都消耗完了，負面種子又現前了，受苦的日子就到了。

還有人說：「那麼我就整天什麼工作都不做了，天天去做好事兒不就完了嘛。」那你這不又理解偏了嗎？致中和，天地位焉，萬物育焉。你該做什麼都去做，什麼財務、產品、運營……該工作工作。但是你要知道這些都只是助緣，不是最根本的東西，最根本的東西還是你的福報。把你的福報提升上來，再搭配這些助緣，你就會得到你想要的財富地位。

如果有一天，當你傾力做一件事情不是爲了賺錢，而是因爲熱愛它、喜歡它，並想用它來造福更多的人。那麼，財富自然會滾滾而來，幸福更會與你如影隨形。

自律很反人性，但自律的結果確實出人意料。

佈施必將獲得，道上人都懂的秘密

以下分享《歷史上最偉大的賺錢秘密》這本書作者的一件眞人眞事：

幾年前作者的妻子得癌症去世了，留下了兩個孩子要養和很多帳單，但是他已經落魄到連給家裏人買食物的錢都不夠了。有一次他身上只有4美元，他準備去超市買食物，在去超市的路上，他看到路邊暴曬的陽光下，有一家三口正目光絕望地在乞討，被午間酷熱的陽光蒸烤著，只爲一口食物。

作者盯了他們許久，非常想給他們一些錢，但是他自己也只有4美元，如果給了的話，自己就沒錢買食物了，於是他帶著負罪感和對自己的悲哀，痛苦地離開了。但是在離開的路上，那一家人憂傷的眼神一直徘徊在他的腦海裏，他再也無法忍受這種負罪感了，就好像他能親身感受到那一家人的痛苦一樣。於是他掉頭回去了，給了那一家人2美元，那一家人含淚向他感謝。

這一次離開的路上，雖然他只剩2美元了，但是他非常喜悅並且爲自己剛才的行爲感到驕傲。他停下車準備先少買點吃的，但是沒想到就在他邁出車門的那一刻，他腳一滑！竟然發現地上有一張嶄新的20美元！他簡直不敢相信，趕緊用敬畏心將它撿了起來，去超市買了自己需要的食物，然後又佈施出去了5美元。

聽到這裏，也許很多人會覺得很玄妙。其實剛才那位作者的做法就是給自己種植了一個無所求強有力的財富印記，所以得到了迅速的顯化。佈施，而不要期待回報，但是要堅信，回報一定會從某個地方來到你的面前，並且回報的數量會超過你的施予。

記得曾經有個朋友對我說：「每天臨睡前都要算一下今天掙了多少錢，

如果你沒有任何執著，那個人做任何事也不會激怒你。

夠不夠生活開銷，哪有心思去學什麼聖賢文化，你站著說話不嫌腰疼。」其實這句話很有代表性，現在大多數人都是這個認知，很讓人心疼，很可憐，不明眞相，每天把自己累死累活削尖了腦袋向外求財，結果也求不到啥。

而眞相是，你只要一邊做好當下的該做的事，一邊堅持動機至善地去向VIP福田（恩田、悲田、敬田）佈施，種財富印記，慢慢地隨著時間助緣「配合」，金錢的顯化路徑自然會呈現給你，有可能是一份更好的工作找到你了，也有可能你會得到一筆意想不到的外財……通道很多很多，超出你的想像，你可以很輕鬆地掙到錢。

積聚少量的福德，勝過動用九牛二虎之力來賺取錢財。如果你以前沒有積聚善業，你無法僅僅透過努力就致富。春秋時的范蠡，在越王復國之後，就開始做生意，結果發了財，發財後就把錢財統統佈施出去，再從小生意做起。過了幾年又發財了，然後又佈施出去……三散三聚。因此，中國古代供的財神是范蠡，他是修行財富的典型人物。他的案例也充分詮釋了什麼是：千金散盡還復來。同時我們也要學習范蠡，趁自己有福報的時候，要種下更大的福報。

佈施就會得到。佈施時間，你將收穫時間；佈施產品，你將收穫產品；佈施愛，你將收穫愛；佈施金錢，你將收穫金錢。

接受已經發生的事，可以降低消耗能量。

若要成爲富有的人，
首先必須去踐行佈施，
否則無法如願。
若未踐行佈施，
再如何用盡全力折騰，
皆無法致富。

佈施有私心，不丟人

佈施，是財富眞正的因。現在但凡升起正見的朋友都已經開始做各種佈施了。這時候出現了一個問題：「每次需要佈施多少，需要把我的錢全部佈施出去嗎？」

我分享一個麥克．羅奇格西在某講座上的回答：「在那些古老的經典裏面說，要把你所有的財富都給光，如果你眞的想要變得非常有錢的話，你要把你的錢給光才行。可是我從來不在任何商業研討會裏講這件事情，只會對他們說『給一些就好了』。爲什麼？第一個原因是因爲你不可能做到百分之百；第二個原因更重要，永遠不要超過你的承受能力。」

比如你幫別人照顧孩子，你幫忙照顧一個小時是可以的，你很歡喜。

善修其心，能住安樂。

但是讓你照顧五個小時，你就有了煩惱心，而這個煩惱心也同時會摧毀你幫別人帶孩子五個小時的福報。佈施也是同理的，所以佈施多少金額呢？答案是：在你自己心量承受範圍內。你心量範圍內的金額是多少，就佈施多少。

現在只要一提到佈施，就會有一些酸的評論：「你這是有所求的，你佈施是為了得到，你不純粹……」其實但凡有正見的人都會知道無所求的佈施會帶來最大的福報，但我們都還只是凡夫，並沒有成聖成賢，做不到無所求也是正常的，比如我自己也做不到完全無所求。而且在生活中，我幾乎也沒見過誰佈施是完全無所求的……只能說，慢慢降低私欲的比例，一點一點調整發心，去踐行即可。

如果因為自己暫時做不到無所求，就不肯去佈施了，這才是最可怕的事情。所以那些酸的評論是非常傷人慧命的，看到別人佈施應該是鼓勵、隨喜，而不是冷嘲熱諷。

借由福德的力量所實現的目標，將如陽光般不依賴任何事物。借由努力所實現的目標，將如油燈的光亮般要仰賴眾多事物。

如何種財富福報？

《大學》裏講過：德者本也，財者末也。這個「德」指的就是人的福報，「財」指的就是福報的顯化。所以你能掙到的每一分錢都是你福報的顯化，你掙不到你福報之外的任何一分錢，沒有福報，一切皆枉然。

以下分享種財富福報的方法，分爲內在和外在：

從內在的角度，不需要你多花一分錢，只要在你本該花每一筆錢的時候，持有慷慨的心態即可，這就是給自己種了一個財佈施的因，一個慷慨的因。舉個例子，你早上要買一個手抓餅，賣家說漲價了，現在10塊錢一個，而這個錢你明明就是要付的。但這個時候，如果你的心態是：10塊錢太貴了，這個店家眞的是坑。那麼不好意思，你這就是當即給自己種了一個吝嗇的因，那麼因果不虛，吝嗇的因自然會結吝嗇的果。相反，如果你覺得：讓賣家多掙點錢挺好的。這就是給自己種了一個慷慨的因，同樣因果不虛，慷慨的因就會結慷慨的果。

在生活中可以舉一反三，其實就是在本該要花錢的時候，千萬不要糾結、不捨、難受。不然，從世間法來說，這樣的人就是格局小，從眞相的角度，就是每天給自己種吝嗇的因。你知道了這個原理之後，從當下開始，把每一筆消費都理解爲佈施，抱著讓別人有所得的心態去消費，這樣每一筆消費都變成了財佈施。做一個懂消費的明白人。

從外在的角度，就是要實打實地向外捨財，行善積德。教你們一個小方法，可以在生活中應用。四捨五入法，什麼叫「四捨五入」，我來解釋一下。大部分人出去買菜、打車的時候，在聽到賣家報了價格之後，往往都四捨五入了。賣家說：12.6，你說：12塊吧；賣家說：15.4，你說：15塊

福報不夠，一切皆枉然。

吧……日常生活中這種四捨五入都是往賣家那邊捨，但是這種方式就不是種財富的因了。接下來你要往自己這邊四捨五入，別人說：12.5，你給他13塊；別人說：15.8，你給他16塊……日復一日，這就是在無形當中，種了很多財富的因。

如果在路邊看到賣菜的老爺爺，能買點就買點吧，讓老人家開心；在西湖邊看到賣花的老奶奶，就順手買一枝，再送還給這個老奶奶；看到乞討的可憐人，能給點就給點，即使最後發現他們是假裝的，那也很好，至少說明他們沒病沒災。

其實人與人之間的終極比拼，是心量的比拼，心有多大，舞臺就有多大。而踐行佈施，就是擴大心量、提升格局最好的方法。另外從眞相的角度，這個世界上根本沒有佈施者，也不存在佈施對象，你大方就是自己往自己口袋裏裝，小氣就是自己從自己口袋裏往外拿，善就是自己愛自己，惡就是自己插刀自己。

「種子法則」四定律：

第1定律：種瓜得瓜，種豆得豆。

第2定律：種子雖小，果實很大。

第3定律：不種種子，沒有果實。

第4定律：種下種子，必定收穫。

過去的種子決定現在，現在的種子決定未來，在自己的心田裏種下什麼樣的種子決定了你的人生。「種子法則」還有兩個特徵：第一，時間滯後。夏種秋收它是一種自然規律，是一種不可抗力，種下種子要想收穫需要耐心。第二，轉換消失。種子一旦長成果實，這粒種子也就消失了。好種子如此，壞種子亦如是。所以想要「不斷得」就要「不斷捨」。同理，當痛苦來了，說明與之相對應的負面種子正在轉換消失中。故：受了受了，一受就了。

心不死，則道不生。

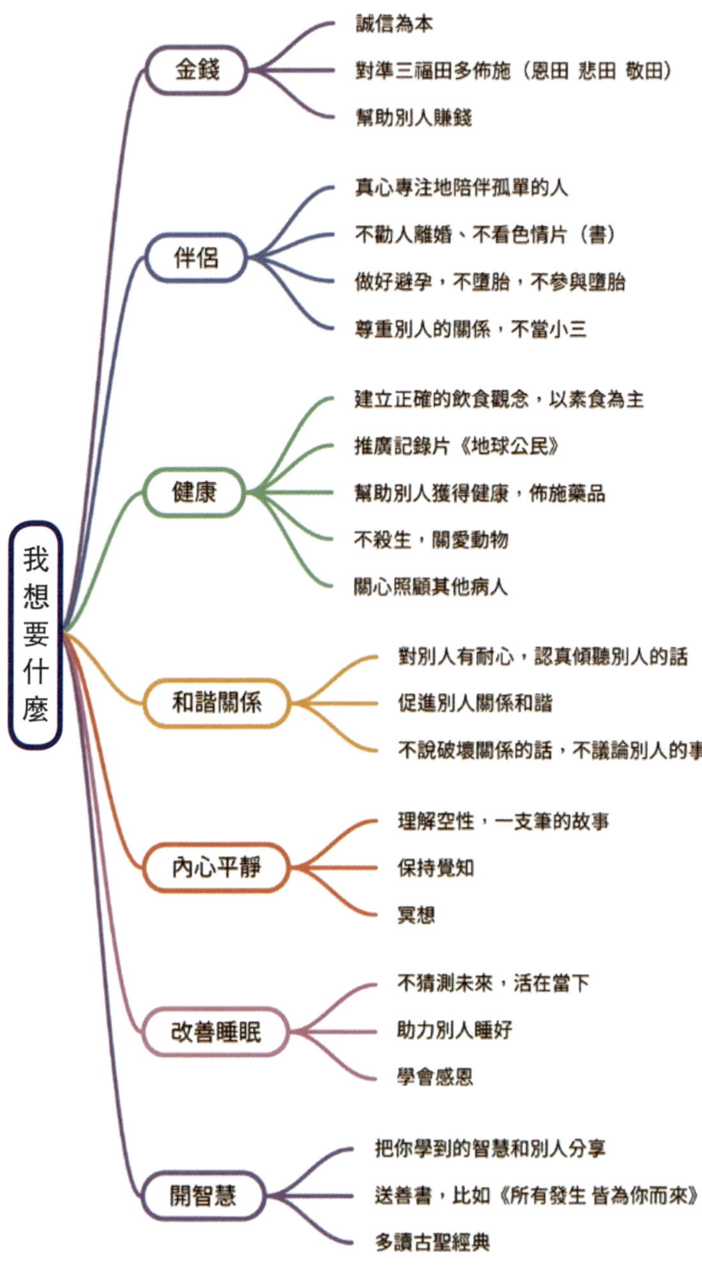
我想要什麼
金錢
誠信為本
對準三福田多佈施（恩田 悲田 敬田）
幫助別人賺錢
伴侶
真心專注地陪伴孤單的人
不勸人離婚、不看色情片（書）
做好避孕，不墮胎，不參與墮胎
尊重別人的關係，不當小三
健康
建立正確的飲食觀念，以素食為主
推廣記錄片《地球公民》
幫助別人獲得健康，佈施藥品
不殺生，關愛動物
關心照顧其他病人
和諧關係
對別人有耐心，認真傾聽別人的話
促進別人關係和諧
不說破壞關係的話，不議論別人的事
內心平靜
理解空性，一支筆的故事
保持覺知
冥想
改善睡眠
不猜測未來，活在當下
助力別人睡好
學會感恩
開智慧
把你學到的智慧和別人分享
送善書，比如《所有發生 皆為你而來》
多讀古聖經典

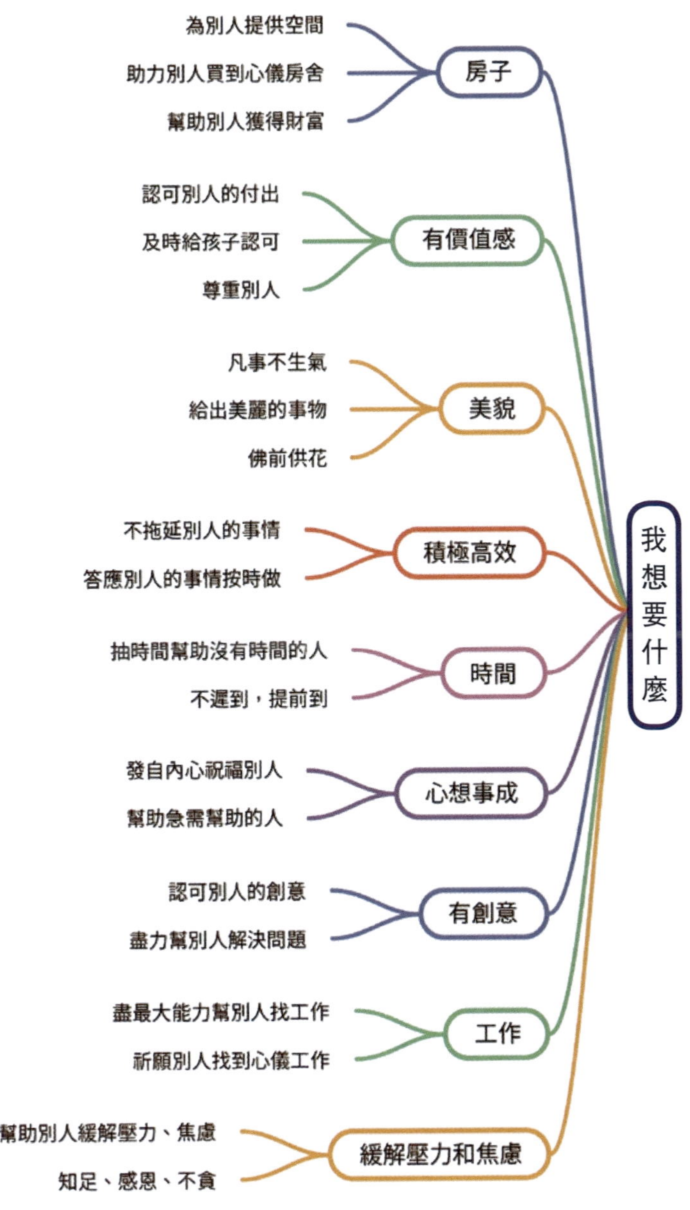
為別人提供空間
助力別人買到心儀房舍
幫助別人獲得財富
房子
認可別人的付出
及時給孩子認可
尊重別人
有價值感
凡事不生氣
給出美麗的事物
佛前供花
美貌
不拖延別人的事情
答應別人的事情按時做
積極高效
抽時間幫助沒有時間的人
不遲到，提前到
時間
發自內心祝福別人
幫助急需幫助的人
心想事成
認可別人的創意
盡力幫別人解決問題
有創意
盡最大能力幫別人找工作
祈願別人找到心儀工作
工作
幫助別人緩解壓力、焦慮
知足、感恩、不貪
緩解壓力和焦慮
我想要什麼

人生是來享受過程，而不是計較結果的。

學什麼專業最有前途、最賺錢

這個是現在很多人、很多家長都在思考的問題，尤其是孩子升學選專業時，就到處去打聽，現在這個時代學什麼專業最有前途、最賺錢？

其實當你問這個問題的時候，就已經陷入了一個誤區，你認爲選的這個專業，是要有前途、賺錢的，才去學的嗎？如果你的發心僅僅是爲了有前途，爲了賺錢，那大概率你之後會陷入更大的迷茫，即使你掙了錢也會迷茫。

網上會給出一個表格，說疫情後會爆發十大行業，有社區生鮮、社區教育、社區物流……但是這十大行業其實就是一個行業，「如何幫別人解決問題」。

1989年在日本企業收購歐美企業紛紛失敗的大背景下，稻盛和夫帶領他的團隊，是怎麼樣合併了歐美的超大企業AVX公司，又是怎麼樣讓破產重建的日航扭虧爲盈，並創造日航史上最高利潤的呢？

背後核心秘訣只有兩個字——利他。一個發心是「真的利他，幫別人解決問題」的人，做什麼事業都很容易成功。

現實案例比比皆是，那些賺大錢的企業，根源上都在幫助別人解決問題（「因」上努力），而賺不到錢的人一直都在想著如何賺錢（「果」上期待）。

《心經》中講：遠離顛倒夢想。

《道德經》中講：反者道之動。

武當派講：順者凡，逆者仙，只在中間顛倒顛。

你稍微感悟一下就會發現，它們有著異曲同工之妙。那麼運用在選專業

任何發生在我身邊的事情，都是對我成長的邀請。

上，首先你要思考，學什麼專業最能利益他人、幫助別人解決問題。其次是你自己喜歡，那這樣的專業就是你要選的專業。

王陽明先生說過：一切的道理天理都在我們的心上，心卽理。良知生天生地，成鬼成帝，萬物皆從此出。良知光明，可以顯化一切。不要操心你的人生，操心好你的良知。

當你的利他之心真正升起來之後，你將無往不利。

做「成功人士」，與他人無關

現在大部分人都在追求成功，那怎麼樣才算是成功呢？世俗大部分的定義主要是指事業上的，最好不是當官的也要是一個CEO，不是CEO也要是一個商業精英。

我以前就是這樣想的，長大了一定要出人頭地、衣錦還鄉、光宗耀祖。所以畢業找工作的時候，我就是非大公司不去的，得要坐辦公室的，其他沒有面子的工作一律不去做。那會兒，我平時和人聊天的時候，字裏行間都透露著自我標榜。一開始我還挺享受這種狀態，但慢慢就厭倦了，我感覺每天坐在辦公室裏面和坐牢沒什麼區別。即使當時那份工作看起來還不錯，還算有面子，但是我內心眞的不快樂，已經陷入焦慮抑鬱了。那會兒我就開始觀

品德高於才智。

察，這個世界上的其他人都在做什麼，我還會思考到底什麼才是所謂的「成功」。

小時候幾乎每個人都會聽到這樣一句話：「你不好好讀書，將來就只能當農民工幹苦力！」好好讀書固然沒錯，但我總覺得這樣的表達欠妥，這個世界上有各行各業、有無數的職業，那每個崗位總要有人去做的呀。比如我家門口服裝店的銷售員，比如社區門口的保安，比如樓道裏的保潔……這個工作只要是適合自己的，每天自己內心是平和的，這就是成功。

杭州這邊有個女生，從國外留學回來以後就不去大公司上班，覺得不適合自己，就承包了一個片區的公共廁所，自己做得特別開心。這其實有些違背主流思想的，但是只要她自己是享受的，就是成功。

相反，我以前在大公司坐辦公室，看似光鮮，但實則和坐牢沒什麼區別。還有很多有權勢地位的人，整天心驚膽戰失眠睡不著，那這就是失敗的。再比如我現在做自媒體，有些人會說：「這也太不穩定了，連社保都沒人給你交。」還有人會說：「你應該做些更踏實的。」

我想回答的是：這都是你們的認知，不是我的，只要我覺得我現在做的事情是適合自己的、是享受的，那麼不管外界是什麼反應，我都是一個「成功人士」。

成功，不是外在的光鮮，而是內在的寵辱不驚。不管錢多錢少，自己都可以過得很好，這才是眞正的財務自由。此心安處是吾鄉。

經常利益他人，你的福報不求自來。

請選擇你喜歡的工作

是你的工作帶給你的收入，還是你的福報帶給你的收入？

不明理的人會認爲是工作帶給自己的收入，因爲畢竟是老闆給發的工資。但我告訴你，工作只是一種助緣，這個世界是由「看不見」的決定「看得見」的。

從眞相的角度，你的收入是你曾經的福報變現給你的，工作、老闆都只是一種顯化通道（助緣）而已。卽使你換了一份其他的工作，你最終的總體收入還是這麼多，你的福報有多少，顯化就會有多少。

那接下來，你儘可能去選擇你自己喜歡的工作（不傷害其他人、動物）就好了。

因爲工作也只不過是財富福報變現的一種通道而已。你有多少福報，就會顯化多少，所以何必急於一時，要一下把自己的福報全部都給變現掉呢？福報用盡很危險的。

我有個朋友，在我剛畢業一個月收入四千的時候，他一天就有五六萬的流水了，做的某金融，飄得不行。結果過了大概不到兩年，差點被抓進去了，現在一無所有。

我也是典型的負面案例，畢業以來沒目標沒理想，換了十幾份工作還沒個著落。那會兒也不懂福慧原理，每天焦慮得不行，直到學了聖賢文化才明理，所以我沒你們有福報，你們現在就明理了。

還有一類人，畢業以來就從事自己喜歡的工作，哪怕一開始工資很低，但是現在已經是某個行業的翹楚了。

在你沒有明白福慧原理之前，你只能聽天由命，有多少福報就顯化多少

弱者選擇報復，強者選擇原諒，智者選擇忽略。

財富。而你現在明白福慧原理了，所以只要從當下開始培植福報，未來的財富顯化是會有變數的。

八字，是說給凡夫（不修行的人）聽的，而修行，命運即在八字之上。這即是：不修，定數；修，變數。

你所處的行業，與你財富磁場匹配

你有沒有好奇過一個問題，你爲什麼會進入這個行業，他爲什麼會進入那個行業，爲什麼你所在的行業總體只能賺些小錢，而他所在的行業能賺大錢？難道僅僅是隨機偶然嗎？當然不是，事出必有因。

我們每個人都有獨一無二的財富磁場，能量場大小是由你過去財佈施的財富種子成熟時，所形成的能量波大小決定的。你的場能會匹配給你，與你財富磁場相對應的行業以及工作，不會有任何錯漏。

你有多少財富場能，就會匹配給你相對應、能變現那麼多的行業以及工作。表面上是你選的行業、工作，而實際上你也是身不由己，都是自然力通過你的財富場能幫你對接的。你現在所處的環境、住的房子、有多少錢，都與你的財富場能相匹配。

同理，從現象上來看，你的工作同事、合作夥伴都是你自己找的，但實際上，也都是自然力通過你的能量磁場幫你匹配好的。遇到大方的同事、合作夥伴，是自己善的顯化；遇到小人，也是自己本該遇到的，一切都是自己心的顯現。

有人發信息給我說：「整天糾結，換行業、換賺錢的工作怎麼選？」其實這都是沒有明理的問題。賺錢的行業、工作根本就不是你能選的，你的財富場能到達什麼樣的高度，自然力就會自動幫你匹配與之相對應的行業、工作，根本不需要你操心，而你要操心的只有你當下的良知。

所以，你只管在「因」上努力，但行好事，莫問前程。先不說「敬天愛人」這樣的高度，日行一善都是最起碼的。只有你的能量場提升上去了，那些美好的人事物才會顯化給你。

德者，得也。德到了，得到了；德不到，得不到。
你小，小人即結；你大，小人即離。

由愛故生憂，由愛故生怖，若離於愛者，無憂亦無怖。

老公賺錢少，實則是你自己缺「德」

經常有女生會抱怨，別人的老公賺錢多，怎麼怎麼好，自己的老公就是混個溫飽，或者女方自己還要貼錢的……這種現象，如果從凡夫的認知去思考，確實很難想明白，但是從高維度的智慧來看：自己是一切的答案。

一個男人賺錢養家，他能賺到的錢是這一家人福報總和的顯化。這家人有多少福報，那麼這個負責賺錢的人，就會通過他的方式，賺到與之相對應的數額。這也可以很好地解釋，爲什麼有些人供養父母，結果賺的錢越來越多。因爲他能變現的福報總量增加了，所以賺的錢更多了。而那些不肖子孫，只想著自己，不想著父母，殊不知是損失了多少……同理也可以很好地解釋，爲什麼有些人生了孩子之後，結果事業就各方面飛升，這是因爲自己能變現的福報裏面，增加了這個新生兒的。

所以建議很多男士少抱怨：「都是我養家糊口的，我怎麼怎麼……」其實都是家裏人自己的福報。這時候也許還會出現這樣的烏龍，有些女生學了這些，吵架的時候就會懟老公：「都是我自己的福報，你就是我一個變現通道。」當然原理是這樣不假，但是你要清晰，你得到的都是在兌現福報，而沒有感恩之心、理所當然，是加速福報兌現。另外你用這樣的態度懟人，是用了很好的智慧來武裝自我，這個更可怕。

現在有很多寶媽都覺得自己沒有賺錢能力，是在靠老公，其實你的思維可以調整過來。你靠的是你自己的福報，老公是你的助緣，所以你想讓老公掙錢多，你罵他是沒有用的，因爲他能變現的是這個家的福報總和。你要提升你自己的福報，暗暗地去大量行善積德、去佈施，這才是給高維的福報卡充值。明理踐行之後，雖然你表面上每天在家不上班，但實際上你不停地在

人這輩子最大的福報，就是有機緣能夠幫助別人。

「充卡」。

抱怨是不明理、缺「德」的行爲，我們一起慢慢戒掉。

公司賺錢少，實則是團隊缺「德」

如果一家人的福報總和加起來很差，那麼男人拼命賺錢也蠻難的，唯有這一家人去行善積德培植福報，提升家庭福報總和，才能慢慢逆轉。

同理，一個老闆開公司，這個團隊最終能賺多少錢，是所有員工加起來，整體福報的顯化。說白了就是這個公司所有員工人口加起來，有多少福報，最終就會顯化多少營收。

所以明理的人怎麼做？先往高了說，比如稻盛和夫，帶領員工集體致良知，開啓心性光明。這是很厲害的，良知光明，可以顯化一切。帶領員工集體致良知，終將福德無量無邊，企業做好都只是附帶得來的……

再往近了說，我認識幾個修行的企業家老闆，深諳以上原理，團建就是

有情來下種，因地果還生，無情亦無種，無性亦無生。

帶員工去集體放生，去做各種公益，每個月從員工收入裏自動扣除一部分去做慈善。這都是在培植員工整體福報，那麼員工整體福報提升上去了，企業自然越做越好。

此時此刻，你知道找合夥人，招員工，要找什麼樣的人了吧。拋開崗位需求，要找有福報的人。最簡單的判斷方式，我教給你：一個是，他是不是孝順父母；另一個是，他有沒有慈悲心。因爲慈悲心就是福報，福報的根本是從慈悲心而來。當然，能招到有福報的員工也是自己福報的顯化，畢竟「我」是一切的根源，修爲自己是不變的眞理。

另外還有很重要一點，假如你是老闆，公司掙到了錢，要回饋員工。因爲公司掙到的錢，是所有員工福報總和的顯化，不是你一個人的，如果你不回饋員工，這是不循理的。而且自然力講究平衡，如果有福報的員工沒有拿到與其福報相對應的收入，那麼自然力就會指引他去其他相匹配的地方工作。慢慢地，你就會流失這些有福報的員工。再慢慢地，你公司來的都是些丐幫的人，你就成了一個丐幫幫主，太可怕了。

請以經營企業爲載體，利益更多人。

因果會審判所有人。

留不住財，還是你缺「德」

我們古人說：「德=得，德不配位，必有災殃。」

很明確了，你有多少德，就會有多少財。如果你總是留不住財，也可以參考這句。爲了方便理解，以下展開分享。

先歸納幾類人：

第一類人，不怎麼努力，各方面條件一般，可是混得就是比我好。

第二類人，人品都感覺有問題了，三觀不正，結果過得還挺好。

第三類人，拼盡全力，結果就是混個溫飽綫。

第四類人最慘，不努力還好，結果奮力一搏，反而還虧損了，最終負債累累。我見過這類人，開玩笑地說，這類人這輩子就是來還債的。

分析一下，第一、二類人屬於財富上限很高，財富下限也很高，所以即使差一點，也是瘦死的駱駝比馬大，但是福報總有消耗完的一天……第三類人最多，很努力，卻掙扎在溫飽綫，這類人屬於財富上限很低。第四類人我都用「還債」來形容了，可見有多慘。

那怎麼辦呢？《了凡四訓》裏面講得很清楚了，你在定數裏努力，再怎麼努力，還是上不去太多，因爲你的財富上限就那麼高。比如你的財富上限是50萬，超過50萬，馬上錢就會莫名其妙地溜走，很多人應該都有這種感受。

所以根源上是要提高自我財富上限，財富上限提高了，你再去努力，結果就不一樣。而提高財富上限的方法只有一個，就是「修德」，「德到了，才能得到」。修福的過程亦即是積攢福德的過程，有如掙錢存入銀行一樣。有智慧的人都在「修德」。

破山中賊易，破心中賊難。

爲什麼會收入不穩定？

大部分人的回饋都是：生活不是那麼穩定。

比如「收入」這件事，前幾年收入特別好，這兩年就少的可憐。或者現在收入好的人，也不能保證以後一直能穩定下來，其他事件也都是以此類推。

直接提高維度，先說一下原理：我們未來的快樂和痛苦，完全取決於自己當下身語意所種下的種子；而當下經歷的快樂和痛苦，是自己過去身語意所種下的種子成熟的顯現。

所以這說明什麼呢？你當下好，是因爲這個美好的當下相對應的曾經的那顆種子好，你曾經播了很好的種子。那爲什麼不能一直好下去呢？因爲你曾經的播種「沒有連續性」。

你在曾經的某一天，動機至善地種下了一顆良好的種子，然後就沒有了，那顯化也是一樣的，那顆種子顯化完了也就沒有了。而你現在知道了原理，那接下來你就可以每天連續性地、動機至善地去種下好的身語意的種子。那未來的顯化，也是連續性的，就不會出現大多數人的認知——不穩定。

還有人跟我回饋說，每天播種有時候不知道該幹嘛。其實是你想複雜了，力所能及的小事都算。有人問路，耐心回答；坐高鐵的時候，幫別人提一下重物；坐電梯後面有人，幫他留一會兒門；逢年過節，給父母發個紅包。

當身邊有人情緒低落時，你發自內心所說的每一句仁慈的話語，所給予的每一個親切的微笑，都會以一種意想不到的方式回報到自己身上。

德者本，財者末

謙者眾善之基，傲者眾惡之魁。

人活在這個世界，不僅是爲自己而活，最好還能多多少少爲更多的人做一點有意義的事情。錦上添花的事情隨順因緣，雪中送炭的事情全力以赴。

別著急，別聲張，先把自己活出來，
讓自己各方面確實好起來，
再用自己的經歷去照亮別人，
這是我認爲最有說服力的法佈施。

提高素食在三餐中的比例。

月薪三千？你需要反思

我之前某次直播，在特定情景下說了這樣一句話：「月薪三千，你需要反思。」然後就被好多人噴了。其實噴我的人，你是沒有聽全，我是有個前提的。

如果說你是一個沒學過傳統文化的人，壓根不在反思範圍之內。而學習過傳統文化的人都應該知道，財富提升的真正原因是佈施，是種種子。那既然已經知道這個原理了，還把自己弄得窮哈哈的，是不是側面說明自己踐行的還不夠呢？

但有人問：「我的工資就是死工資呀，一個月就三千塊錢，我播種了，哪里漲工資去？」其實你只要去佈施、播種財富，變現通道它會自動顯化給你的。有可能是一個賺錢的副業找上你了，也有可能是你的老房子拆遷了……財富顯現通道是五花八門的，多到不可思議。所以不要再盯著你那點死工資了。

麥克．羅奇格西曾經在某個論壇上的絕密發言，透露了自己的鑽石公司「安鼎國際」快速發展的秘訣。真相簡單到不可思議，非常「傻瓜式」操作。分享給你們：

「如果你想要獲得財富，如果說你想你的生意發達，我來告訴你怎麼做到。這裏是一百塊錢，如果你想用這一百塊錢賺到一千塊錢的話，我告訴你怎麼賺。我們的『安鼎國際』鑽石公司在紐約二百五十年的歷史中是發展最快的一家公司，所以我知道怎麼用這一百塊錢賺到一千塊錢。」

「你把這個錢給出去，給別人就好了。這一百塊錢不要存在銀行裏，不要去做投資，不要去買一些物業，也不要買股票債券什麼的，把你的錢給到

你施予別人的越多，你得到的就越多。

對你有恩的人，你尊敬的人，正在受苦的人，把錢給他們。然後你會看到錢又回到你這裏了，十倍以上，你會得到一千塊錢。」

最後，格西還補充了一句話，我覺得這句話很有意思。他說：「雖然我創造了全紐約成長最快的企業，但其實我根本就不懂怎麼做生意，但我知道怎麼把錢給出去。」

想要了解更多麥克・羅奇格西的智慧精髓，去看《當和尚遇到鑽石》《播種幸福》《業力管理》《愛種子》《真愛密碼》。

我吃橙子自由，敷面膜自由

佈施，不是把你不要的東西給出去，而是給出去你好的東西，你給出去你好的東西，宇宙會通過各種通道加倍回流給你更多好的東西。分享一個我親身案例：

某一天我家裏買了兩箱橙子，意外的好吃，水分很足很甜。正好那天有個保潔阿姨來我們家門口收紙箱，我順手就把家裏一箱上好的橙子送給阿姨了，阿姨感動得不得了。然後家裏人知道了就來問我：「你怎麼把這麼好的橙子送出去了？」我說：「不然呢？難道你要給出去差的東西嗎？那可不叫佈施，給出去自己好的東西才是真的佈施。」我家裏人恍然大悟。

然後接下來發生了什麼？之後沒過多久，我陸續收到了將近50箱上好

不要操心你的人生，操心好當下的良知。

的橙子，有的是我粉絲給的，有的是直播品牌方給的，有的是親朋好友給的……根本就吃不完，我又給鄰居們分了好多，最後皆大歡喜。

分析一下這件事，爲什麼橙子的顯化這麼猛烈：

1　我當時送阿姨那箱橙子是以強烈感恩心攝持的，並且是不求任何回報的，結果不求回報反而帶來了迅速的回報。

2　很多人都忽視了，保潔阿姨屬於三大VIP福田之一，悲田。我送橙子的對境非常VIP，所以助力我帶來了這幾十箱橙子的強烈回流顯化。

另外，現在我家裏的面膜多的已經是，哪怕一天貼三片都用不完，這也是我踐行了以上同樣的播種原理而回流來的。你想要什麼，就把什麼給出去就好了。

恩田、敬田，在生活中你能遇到的其實很有限，但是悲田無處不在，我們要學會尊重底層人民，尊重底層人民就等於是在變相佈施悲田。而相反，一個不尊重底層人民的人，時間綫拉長，他最終是不會有什麼福報的。

所有的功德都是建立在賢良的人格之上，沒有賢良的人格，無法獲取眞正的智慧，最終也不會有任何成就。

從當下開始，去佈施你身邊無處不在的悲田，我要你幸福！

讓自己真正有安全感的竟然是：自己曾經行過的善。

一念發心不可思議

聖賢文化一直在倡導「播種幸福，行善積德改命」，那爲什麼每個人踐行的效果卻不一樣呢？這首先要了解，種子到底是種在哪里的？答案是：種子是種在每個人自己心上的。種子越茁壯，顯化越快。

簡而言之，你播種的時候，發心越強烈，意味著種子越茁壯。有一個女生被另一半分居小半年了，這半年時間，他們幾乎是不聯繫的，只要一聯繫，她老公的態度都是異常的囂張跋扈，慢慢地，這個女生的心態已經被磨得隨緣了。

有一天這個女生在陽臺上，看到了她的鄰居高齡老奶奶一個人孤零零地在家坐著，她突然很能共情老奶奶的孤獨，於是她就無所求地去陪伴這個老奶奶聊天。她握著老奶奶的手，聊老奶奶年輕時候的事情，還把自己最珍貴的護身項鏈送給了老奶奶，並親自幫她戴上，希望能護佑她平安。

然後就在這一天下午，她老公突然回來了，這一次回來，不再是囂張跋扈，而是懺悔自己曾經的不靠譜，表示想要回歸家庭，就像變了一個人一樣，這個女生簡直是驚歎到不可思議……據我了解，現在他們的生活也非常穩定。

種下陪伴的種子，陪伴你的人就會出現，但是中間這個時間差誰都沒辦法保證。但剛才那個女生的發心實在太強烈了，所以得到了不可思議的迅速顯現。

一個瑜伽老師在很多年前有機緣知道了一個眞實的道場在建設，這個道場建設好了可以幫助不少人，於是她瞬間發心要把自己所有的錢全部捐給道場建設（雖然並不多），實際上她也這樣做了……結果沒過多久，就有人要

利益眾生之外，沒有解脫道。

找她一起做電商，她也莫名其妙地參與了，結果生意異常火爆，後來她一個女孩子靠自己買了大房子，再後來也遇到了各種殊勝的因緣。

拋開發心問題，還有一個重要因素，可以用以下段子來闡述。

徒：爲什麼我努力了還是得不到？也讀經典行善了，命運咋沒好起來呢？

師：我給你500元好不好？

徒：師父，您的錢我不敢要呢！

師：我是要你幫我辦一件事。

徒：師父，您說辦什麼，我絕對幫您辦好！

師：幫我買一輛汽車。

徒：師父，500元怎麼可能買到汽車呢？

師：你也知道500元買不到汽車啊！

你悟了嗎？

心安即是歸處

祈願我在追求無意義的欲望時，
我欲望的目標，
能引導我去利益他人。

人生最危險的敵人，
不是你眼中最壞的別人，
而是情緒失控時的自己。

愛生氣、發脾氣？這個方法你一定要用

我認識一位資深的老中醫，他是這麼和我說的：「小焓，你就去觀察你身邊那些愛動氣愛發火的人，這樣的人，一般都是身上小病不斷的，這裏不舒服、那裏不舒服，經常來找我們號脈。」老中醫的意思已經很明了，大家自行領悟。關於「生氣」的危害，我經常會想起《三國演義》裏的一個情節：

當年赤壁之戰之後，諸葛亮就把周瑜活活給氣死了，周瑜臨終前含恨說了一句：「既生瑜，何生亮！」很著名的場面吧，所以生氣真的能氣死人。（雖不確定眞僞　但參考價值很大）

王陽明先生說過：「循理便是善，動氣便是惡。」你動氣就是在給自

智者如果勤於積功累德，福德自然會漸漸圓滿。

己積惡。種善因得善果，種惡因得惡果，如果說你是個愛動氣的人，那是不是時時刻刻都在給自己內心積惡，時時刻刻都在給自己種惡因呢？動氣就是惡，所以很多人自認爲自己是好人，但日子卻過不好，很大一部分原因在此了。

一位高人曾講過一句話，我印象非常深刻，他是這麼說的：「人在傲慢和發脾氣的時候，是在迅速地消耗自己的福報。」你想啊，我們人有多大的福報讓自己去浪費呢？做點功德多難啊，你這麼一動氣，就把你之前辛辛苦苦做的功德都給消了。一念嗔心起，百萬障門開。嗔心一起，火燒功德林。

福報最大的違緣就是嗔恨心。我們希望別人不好，我們對別人發火、仇恨別人、傷害別人，這些都是嗔恨心的表現。嗔恨心是摧毀福報的「核武器」，我們都知道一顆原子彈可以瞬間炸死很多人，但其實你一念嗔恨心的威力完全不輸給原子彈。

我媽媽曾是一個脾氣非常差的人，她不僅會爆粗口，還會把情緒發泄在別人身上，過去二三十年都是這個狀態，沒有人能改變她。直到去年，我和她說：「媽，你去抄一下《心經》吧，然後再背一下。」我媽竟然照做了，她開始每天很認眞地抄寫，大概過了一個多月，我發現她能背出來了，而且在後續的生活中，她的脾氣也發生了很神奇的改變，改變在哪里呢？

以前遇到一些不順她心的事情，她會瞬間暴跳如雷，說話夾槍帶棒、指桑罵槐。但是現在，當生活中出現一些摩擦，她會自己先靜一靜。春節回家，連我奶奶都誇我媽「臭脾氣突然改了」。所以我把這個方法分享給大家，一定要照做，和我媽媽一樣精進啊。

所有的幸福、快樂都是來自於你以前給出過幸福、快樂。

般若波罗蜜多心经

唐三藏法师玄奘译

观自在菩萨。行深般若波罗蜜多时。照见五蕴皆空。度一切苦厄。舍利子。色不异空。空不异色。色即是空。空即是色。受想行识。亦复如是。舍利子。是诸法空相。不生不灭。不垢不净。不增不减。是故空中无色。无受想行识。无眼耳鼻舌身意。无色声香味触法。无眼界。乃至无意识界。无无明。亦无无明尽。乃至无老死。亦无老死尽。无苦集灭道。无智亦无得。以无所得故。菩提萨埵。依般若波罗蜜多故。心无挂碍。无挂碍故。无有恐怖。远离颠倒梦想。究竟涅槃。三世诸佛。依般若波罗蜜多故。得阿耨多罗三藐三菩提。故知般若波罗蜜多。是大神咒。是大明咒。是无上咒。是无等等咒。能除一切苦。真实不虚。故说般若波罗蜜多咒。即说咒曰。揭谛揭谛。波罗揭谛。波罗僧揭谛。菩提萨婆诃。

抄、讀《心經》的時候，
不需要去執著於知道它的意思，
讀書千遍，其義自見。
另外在你抄、讀的時候，
有很大一個功效就是在「止念」。

胃不好與情緒有關？

你知道和情緒有關的疾病有多少種嗎？一位醫學專家講過，有200多種，生活中90%以上的疾病都與情緒有關，有時候負能量比疾病更可怕。

有多少人每天喝菊花茶降火，但是被別人一句話「點火就著」；又有多少人早睡早起依然精神恍惚、心神不寧；還有很多從不沾垃圾食品的人，竟然內分泌紊亂。由此可見，養生在情緒面前不堪一擊。如果你處理不了情緒，那麼做再多其他的養生，效果依然不會太好。如果你眞的想把自己的人生過好，首先不是去美容美體各種保健，而是做「情緒的主人」。不然當「貪、嗔、癡、慢、疑」這五毒心俱全的時候，情緒就是你的主人。

我很早就被確診了慢性淺表性胃炎，有一次胃炎發作我去一家大醫院掛

真正的敵人不是人，是貪嗔癡慢疑。若能放下，你必將天下無敵。

了專家號，我把我的症狀講給醫生聽了，結果他說：「你這個毛病吃點藥應該就沒什麼問題了，主要靠自己養。」可是我就比較擔心，我說：「醫生，要不要做個胃鏡什麼的？」本來醫生感覺沒有這個必要，因爲我的症狀比較輕，我年紀也輕，一般都沒有什麼問題。

可是面診快結束了，醫生突然又說了一句：「要不你還是做個胃鏡吧。」一聽這話，我又開始擔心了，就問醫生：「一開始你不是說不用做胃鏡嗎？怎麼現在又說要做了？」醫生回答了我一句非常有深意的話：「我感覺你有點焦慮，焦慮的人不做個胃鏡是好不了的。」我當時恍然大悟，就沒有去做胃鏡，只是安心回家謹遵醫囑吃藥。

結果我吃藥時，發現裏面竟然有一味是抗焦慮抗抑鬱的藥。我內心瞬間OS：什麼？我看的是消化科，你給我吃抗焦慮抗抑鬱的藥，醫生你開錯了吧？於是我就到醫院去找那位醫生「興師問罪」。結果醫生和我講：「一般有胃炎的人，都比較焦慮，情緒不穩定，這些症狀與胃炎是相輔相成的。因爲你焦慮的那個系統，與你消化的那個系統用的是同一個。」我突然明白了，爲什麼我過去吃飯也算規律，也不亂吃東西，卻還會得慢性胃炎，原來根源出在了我的情緒管理上。確實，從小到大我一直是一個焦慮的人。

回想一下，我過去大部分的焦慮都來源於沒有活在當下，要麼是糾結過去已經發生而無法改變的事情，要麼是擔心未來根本不會發生的、或者發生概率僅爲0.01%的事情。但其實我們每個人擁有的時間，都只有當下這一刻。過去是由每一個當下走過來的，未來也是由每一個當下走過去的。不管是過去還是未來，都是由當下的這個自己、當下的時間所組成的，丟失當下，就是丟失全部。問題若有辦法解決，就不必擔心；若沒辦法解決，擔心也沒有用。

煩惱只是忘失覺知產生的錯覺，如果能夠保持覺知，那我們的情緒障礙

低級的欲望，放縱就可以得到；高級的欲望，自律才可以實現。

就會消失。在日常生活中，我們每天都會碰到許多不合我們心意的事情，會讓人不愉快，但其實我們可以有能力讓自己在這些不快中保持冷靜。因爲這些不快就像是一把火，在內心升起之後，馬上就熄滅了。我們可以試著把自己的各種情緒狀態，視爲形形色色的訪客，只需對它們保持覺知，允許憤怒和其他各種情緒在心裏升起然後消失，而不做任何可能會帶來傷害的反應。

祈願有一天，我們在覺知中獲得安寧，如同夏日裏在大樹的濃蔭下獲得清涼一樣。祈願有一天，我們的心中只剩下前所未有的寧靜，以及能夠從容面對一切的篤定。

起情緒的時候，是「魔」上身

人一旦被情緒擊中，所有的邏輯和知識都顯得蒼白無力、毫無意義。借此打個比喻：人在有情緒的時候，都是「魔」上身了，根本無需理會。這個比喻，可以運用在任何關係裏面。

我慢慢發現人的身體裏面有兩個「我」，一個是眞正的我，一個是情緒。情緒沒發作的時候，就是眞正的我；情緒一來，整個人就被情緒佔領，按照剛才那個比喻，就是「魔」上身了。

如何避免「魔」上身？首先要從改變認知著手。例如，我坐在房間裏面，外面有一個人沒敲門就進來了，那實際上我應該爲這個人而生氣嗎？可能有的人會覺得應該生氣，因爲對方明顯不尊重自己。但其實你生氣與這個

人和人之間，不要把自己的觀點強加到別人身上。

人沒有任何關係，心長在你自己身上，你的這顆心也只有你自己才能運作，是你允許自己生氣，你才會生氣。

其實你可以根本無所謂對方是否敲門，這完全取決於對方的素質。而你是否生氣，取決於你自己的修爲。再說，修爲不好、素質差的人太多了，難道你每天都要因爲這些人把自己氣傷嗎？並不是事情本身傷害到了你，而是你對事情的反應傷害到了你自己。而且如果因爲對方沒有敲門你就生氣了，這還說明你的內在有一個求關注、求被尊重的傷，這是一個需要被療愈的匱乏點。

再比如，你的一個同事叫了公司其他人吃飯，但是唯獨沒有叫你，你就生氣了。首先這個同事他就不會辦事情，可你卻因爲他的情商低而傷害自己，這完全沒必要。

每個人遇到的問題都不一樣，讓你糾結的問題，在我這裏可能根本就不是事兒。這就揭露了一個眞相：上天給予每一個人的苦難，都是根據這個人的痛點而量身定制的，只要你能放下，痛點就消失了。

當你不再尋求別人的注意，當別人的讚歎不會讓你感到驕傲，當別人的指責不會讓你受驚，當別人不理會你的時候，你也不會感到煩惱，這便是放下。

還有一種情況容易激發人的情緒，就是與你相處的那個人起情緒了，然後他把你的情緒也給勾起來了，然後兩個人都陷入了情緒無法自拔，就開始吵架。直到雙方的情緒都完全退下了之後，慢慢又會和好，夫妻關係尤其是這樣。

下次當對方起情緒的時候，你首先要覺知到：此時此刻對方起情緒了，他已經魔上身了，已經不是眞正的他了。只要你能覺知到，你的情緒就可以不被對方勾起，你等對方情緒完全退下後再與他溝通，這樣就可以避免一場

任何事情都要因緣聚合，沒有因緣怎麼會有果？

願意吃虧者，必是有福人。

兩敗俱傷的惡戰。

如果是自己起情緒了，你要覺知到：此時此刻情緒已經佔領了我的身體，我已經不是本來的我了。然後自己一個人平靜，不要去勾起他人的情緒，等自己情緒完全退下，就又回歸了本來的自己，這時再去與人溝通。

內心脆弱的人，才會張牙舞爪。眞正強大的人，都是溫和而堅定。

不要著急，
只要你變好了，
美好的生活一定會如期而至！

綫上測試人格，100%包准！

關於如何認淸自己，這個問題很難回答。畢竟很多智者都說過，人這一輩子，最難的就是認淸自己。是的，如果每個人都能認淸自己，也不會走那麼多彎路了，所以你眼中的你不是你。

而當你試圖想要從其他人身上找到「關於自己是誰」的答案時，你會發現，每個人對你的看法評價幾乎都是不一樣的，這不是很奇怪嗎？同樣一個你，對你評判的人不一樣，答案也不一樣，那別人從你身上看到的，到底是什麼呢？

一段話回答：「你對我的百般注解與識讀，並不構成萬分之一的我，卻是一覽無餘的你。」這說明別人從你身上看到的只是他自己，而你是對方內心的投射，所以，別人眼中的你也不是你。明白這個眞相以後，從此你可以從他人對你的評判中徹底解脫出來。

另外以我爲例，我是一個很宅的人，這些年遇到的人不多，但是總可以看到一些人非常的冷漠，甚至有一些傲慢自以爲是，讓我感覺到很不舒服，於是這些人進入了我心靈的黑名單。但是後來我驚訝地發現，有另外一些人卻對我心靈黑名單的人好感倍增，認爲他們慈悲、大愛、智慧……

天呢，這太分裂了。於是我陷入了長時間的沉思並領悟到了一個關鍵點：原來，我看到的都是我自己。自從認清了這一點之後，我走上了眞正的自我提升之路。比如，以他人爲鏡，我發現了我自己的假謙虛，我發現了我自己心靈暗處的自以爲是……然後開始自我調整，儘可能做一個骨子裏眞正謙虛的人，而不是假惺惺的形式謙虛。

分享一個小故事，蘇軾跟佛印是一對好朋友，經常都會相互拜訪。有

成長的速度，取決於你福報與慧根提升的速度。

道心之中，自有衣食。

天，蘇軾去拜訪佛印，對佛印開了個玩笑說：「我看你是一堆狗屎。」佛印則微笑回應說：「我看你像是一尊金佛。」蘇軾覺得自己佔了便宜，很是得意，回家後跟自己的妹妹說了這件事。蘇小妹卻說：「哥哥，你錯了。佛家說『佛心自觀』，你看別人是什麼，自己就是什麼。」聽到這裏，蘇軾才明白爲什麼佛印會說，他看自己像是看一尊金佛。

外部世界的一切都是我們內在世界的投影。你眼中的你不是你，別人眼中的你也不是你，你眼中的別人才是眞正的你。

與情緒和解，才是眞正的自由

我現在越發覺得，人所有的痛苦覺受，都是由自己這顆心自導自演、自我運作出來的，我們的心裏除了自我編造的故事以外別無它物。而只要調整好自己這顆心，痛苦的覺受立刻消失。王陽明先生說的「心外無物」眞實不虛，同樣陽明先生的「格物致知」可以化解掉一切情緒，讓心回歸平靜。

不評價東方文化還是西方文化，不評價神學還是人學，不評價中醫還是西醫，評價批判善惡互奪不到頭。站在「人、神、東、西」之上，「格物正心」才是正見。

以下從身、心的角度解讀「格物致知」：

大多數人產生了一些負面感受，一般會先去找外境的原因，最好怪在別

吾心自有光明月，千古團圓永無缺。

人身上，讓別人來爲自己承擔，結果發現越找越恨越走不出來。現在顚倒一下，先放下對外境那個人或者那件事的批判和聲討，甚至把那個人、那件事完全置身於你的感受之外，僅僅是好好體會自己的情緒，讓它流經你，任其穿過。

「格物致知」實操法：當不舒服的感覺來找你的時候，第一件事不是去抱怨外境，因爲那是相（種子投影），改變不了。這個時候你只需要內觀（格物），去感受那股不舒服的感覺堵在了哪里，一般會堵在胸口或腹部。然後儘可能找一個安靜的地方，最好閉上眼睛，或躺下或靜坐，用心去感受那個不舒服的部位。不要想是哪件事哪個人給你帶來的，用鼻子深深地吸氣，吸到堵漲部位，然後半閉嘴唇，緩緩地吐出……不斷地重複，慢慢地你就能感受到，氣泡狀的一個東西（惡），在你的體內蠕動向外散，直至你不堵不漲不難受、淸淨平和的時候，本次情緒卽被療愈。

所有不舒服的覺受，都可以用以上「格物致知」的方法去釋放，比如說愧疚的感覺、嫉妒的感覺、尷尬的感覺、自責的感覺……去試試看，和自己最不想面對的情緒待在一起，不要去逃避它，看看它會把你怎麼樣。

剛開始你可能會感覺自己難受得受不了了，但是過後你會發現，自由、解脫、喜悅、自在，都在岸上等著你。

念起即覺，知幻即離。

這樣找對象，你會很自在

人與人之間關係的本質：沒有愛恨情仇，只有緣起緣滅；沒有生離死別，只有緣起緣滅。緣起，我在人群中看見了你；緣滅，你淹沒在人群中。緣起則聚，緣滅則散。諸法因緣生，諸法因緣滅。

以上眞理可以適用於人與人之間的任何關係，比如親子、朋友、婚戀、同事……以親子關係爲例，緣起，你父母生出了你，開啓了你們之間的因緣和合，他們陪你長大，你陪他們變老。但是所有的因緣都有消散的一天，老子就揭示過：出生入死。什麼意思呢？就是人一出生，其實就意味著已經進入了死道，因爲死亡是每個人最終的歸宿，所以在這一生中，每個人都必然會經歷愛別離，這是很客觀的規律，誰都逃不掉。總有一天，你的父母會離開你，等到他們離開你的那一天，從本質上來看，是你們之間的因緣消散了，這卽是緣滅則散。現在有很多人因爲失去親人而痛苦得無法自拔，雖然這是人之常情，但從本質上來看，是因爲執著了已經緣滅的關係，說到底，是執著讓你痛苦。

再以親密關係爲例，現在有很多女生都在焦慮找對象的問題，其實大可不必。從上帝視角來看，你的命運劇本大概率在你出生之前就已經寫好，其中就包含：你會遇見誰、和誰在一起、在一起多久。那問題又來了：「到底什麼時候才會遇見那個他呢？」答案是：「因緣聚合的時候（有印記必顯現）。」當你和他各種因緣聚合的時候，你卽使不想遇見他，宇宙也會安排各種意想不到的通道讓你們兩人遇見。遇見他之後，哪怕他長得很普通、個子也不高，可是你就是會覺得他哪里都好，怎麼看他怎麼順眼。其實不是他眞的有那麼好，而是你自己的業力讓你覺得他有那麼好。於是你們陷

好的也會變壞，壞的也會變好，這才是無常的真諦。

入愛河，即使他是個渣男，你也無法抗拒，因爲你的命運劇本就有一段與渣男的糾纏，你必須要把這筆帳還完。等還完之後，你就會升級，從而成爲你自己人生的大女主。有朋友還會問：「那我能知道自己什麼時候會和他分開嗎？」答案是：「因緣消散的時候。」你們之間能走多遠，取決於你們之間的因緣，一旦到了因緣消散的那一天，不管對方是渣男也好、暖男也罷，他都會以各種你能想到或者想不到的方式從你的世界裏消失，這即是緣滅則散。一旦緣滅了，你怎麼挽留他都留不住。

當你還沒有因緣的時候，即使你長得美若天仙，也不會出現那個他；而當你的因緣來了，即使你長得很普通，那個他照樣會出現。現實生活中，這樣的案例比比皆是：有些女生長得很普通，但另一半眞的很愛她；有些女生長得很漂亮，卻總是被渣男傷害。（男生同理）

從此，你可以在任何關係中保持「無爲」。

你抱怨誰，就享不了誰的福

人只要一抱怨，負能量就上身了，能量場就會變得很低，稍微正能量一點的人靠近你，就會不舒服，最後你只能感召來和你一樣負能量的人。

抱怨父母的人，就享不了父母的福，這個說的就是我本人。一直以來只要我想到我父母，我的情緒就比較抱怨，總會想到從小到大他們讓我不如意的事情，而他們對我好的情景，我幾乎都想不到。結果我確實享不了我父母的福，只能自力更生。同理，抱怨丈夫的人，就享不了丈夫的福；抱怨孩子的人，就享不了孩子的福；抱怨萬物的人，就享不了萬物的福。

爲什麼呢？能量守恆定律：你給出去什麼，就會得到什麼。那回歸生活，你總是不斷地向外輸出抱怨的負能量，那麼根據能量守恆定律，這個世界最終回饋給你的，也只能是負能量。如果你不改變向外輸出的能量頻率，那麼時間久了，別人看到你的臉，聽到你的聲音，都會感覺不舒服，所以你怎麼享別人的福？

要想改變這種現狀，就要試著把「抱怨」改成「感恩」，感恩一切。當你開始眞正感恩了，那麼就可以陸續扭轉局面。眞正有感恩之心的人，會獲得最大的福報，因爲感恩是直接鏈接宇宙高能量的介質！是高能量的源泉！哪怕是先從假假的感恩開始練習，都會有所收穫。而如果你眞的變得很感恩，那麼你的收入會越來越高，貴人會越來越多，人際關係會越來越好……越是感恩的人越擁有。

與「感恩」相對立的是「抱怨」，最直接的表現就是：受害者心理。有這種心理的人，總覺得別人對不起自己，自己是最無辜的人。從而不斷向外傳遞負能量，慢慢地，這樣的人會越來越貧窮，而正能量、貴人、機會……

沒有智慧的慈悲，是一種最精密的驕傲。

也都會遠離。

你抱怨的人越多，自己的命運就越坎坷，你抱怨誰，就享不了誰的福。

從現在起，只要把你的心稍作調整，一切都會很完美。

擔心是詛咒，祝福才是護佑

有一種情緒，如果你不能突破它，那麼這一生你反反復復都會受它影響。這種不良情緒就是「擔心」。

擔心自己以後會虧錢，擔心自己以後會婚變，擔心自己以後會不幸福等等，擔心的情緒無孔不入。

張德芬老師在《遇見未知的自己》裏面是這樣講的：「這個世界上只有三件事：我的事、他人的事、老天的事。」關於「老天的事」，屬於超出人能力範圍之外的事情，大多數都是不可抗力，所以與其杞人憂天，不如順其自然。關於「他人的事」，比如：老公的事、父母的事、孩子的事、朋友親戚的事⋯⋯其實都有他們自己的命運軌跡在主宰，無論你多麼愛他們，也

去愛，去利他，這就是生命唯一的意義。

凡是你想控制的，其實都控制了你。

沒辦法改變他們的命運劇本。如果你給出過多的擔心，實則是最差的禮物，甚至有時候你對親人的過分擔心也是一種不負責任的加害行爲！不如改成祝福吧！關於「我的事」，其實從高維的角度來看，我們每個人都是帶著自己獨一無二的命運劇本，來到這個世界上打怪、體驗、升級。既然如此，這就說明每個人來到這個世界上，遇到的一切人事物都是本該遇到的，都是有定數的，那既然都有定數，你還擔心什麼呢？只需「應作如是觀」，去體驗就好。

當然，如果說，你對自己原有的命運劇本不太滿意，也是可以改的。畢竟「一粒金丹吞入腹，我命由我不由天」。

現在有很多朋友真的和我之前一樣，是嚴重擔心型人格，比如說經常會擔心自己以後會婚變，擔心自己以後會虧錢等等，反正能擔心的事情實在太多了。但其實，如果說你過去沒有種下過這些負面種子，那麼你擔心的這些事情也不會來找到你，未造業不遇。

有朋友還會說：「我過去種下過這些壞種子該怎麼辦？」那麼從當下開始，你要猛烈地去懺悔你過往所有的惡，發願永不再犯，並且去做相反的事情。

每天臨睡前可以帶著懺悔心反復默念四句話：往昔所造諸惡業，皆由無始貪嗔癡，從身語意之所生，一切我今皆懺悔。

如果你過去種下過虧錢的種子，那麼從當下開始，你必須要猛烈地對準三大VIP福田（恩田、悲田、敬田）去佈施。如果你過去種下過婚變的種子，那麼同樣從當下開始，你要種下婚姻和諧溫暖的種子。怎麼做呢？你可以去陪伴那些孤單的人，給予他們溫暖。尤其是當別人出現一些婚姻問題的時候，你要給予關懷。當你給予關懷的那一刻，就是給自己的婚姻和諧種下了新的好的種子。

心靜，便無雜念；心靜，則大自在。

沒有極致的痛苦體驗，就不可能有極致的涅槃。

一個人命運好不好，其實完全取決於自己的福報。有福報的人，不管做什麼事情都會順利，哪怕再危險的事情也會轉危爲安、吉祥如意。但是沒有福報的人，往往做事情就會障礙重重，很多事情做起來就很不順利。

我們的人生到底幸不幸福，或者做事情到底順不順利，完全取決於自己的福報。

樂受還是苦受？

我之前對一個人說：「你過得不好，說到底是因爲缺德。」他就不開心了。是因爲我說了「缺德」導致他不開心的嗎？答案是否定的。因爲還有些人聽了就沒有不開心，反而覺得很有道理。這說明，「缺德」這個詞本身是中性的，觀察者不同，得到的答案也不同。

而這個人聽到我說他「缺德」，他就不開心了，實則是因爲他把「缺德」定義成了一個貶義詞，所以才會不開心，這其實是他自己的解讀傷害了他自己。

再比如，有個人騎自行車出門，然後看到了他同事在路上開了個寶馬車，他內心就受傷了。那是誰傷害了他呢？其實，沒有人傷害他，是他自己

在你的生命中，不會出現與你無緣的人。

的解讀傷害了他自己。

我們在遇到任何人事物之後，一般都會做出一個反應，但是在那個反應之前，中間都會有一個解讀，就是這中間的解讀決定了你當下是「樂受」，還是「苦受」，我們現在修的就是調整中間的這個解讀。

這個世界的規律是凡事一體兩面、福禍相依。你看到事情好的一面，就會有「樂受」；只看到事情不好的一面，就會有「苦受」。都是自己選擇的。

比如還是那個騎自行車的人，他完全可以這樣解讀：騎車，不堵車、隨便停；開寶馬車，在高峰期連停車位都找不到，還堵車……你看，解讀不一樣，自己的感受就不一樣，是你的定義決定了接下來的境遇。

再高級一點，不管發生什麼，你內心壓根就不分別，該怎麼處理就怎麼處理，就是不生煩惱心。

而不生煩惱心，將會給你帶來巨大的利益。

抑鬱症，自閉症，可以多看老虎的照片。
根據某大德的建議和藏醫的傳統，
如果你有嚴重的抑鬱症的煩惱，
你可以去看活生生的老虎或者老虎的像。

爲什麼你沒有幸福感，原因在此

曾有一位朋友給我留言，他說：「西藏的藏民們都非常有信仰，但爲什麼他們的經濟卻比我們落後？」我給他的答案是這樣的：「經濟靠前不代表幸福感靠前，經濟落後也不代表幸福感落後。」西藏那邊的牧民雖然經濟條件有限，但是你能說他們沒有幸福感嗎？我看未必，我曾經有一位杭州的朋友，他本是個上班族，工作悠哉，家裏條件也不錯。他一直對西藏很嚮往，忽然有一天他腦子一熱，決定要去西藏旅遊。而這一次旅遊可以說是改變了他的人生。

他到了西藏，發現當地的居民眞的很有幸福感，眞的很快樂。他在西藏的每一天都很充實，很幸福，他甚至感歎說：「我前二十幾年都白活了。」

於是乎他做了一個大膽的決定，「留在西藏不回來了。」當時我們都以爲他是開玩笑，可後來事實證明，他真的就不回來了。一開始，他是在西藏找了一個民宿打工，雖然工資不高，但每天都很快樂。後來聽說他開始自己經營民宿了，其實掙得也不多，但他過上了自己嚮往的生活。

金錢是不能完全與幸福感掛鉤的，不然也不會有那麼多有錢有地位的人卻失眠抑鬱了。如同《次第花開》中所說：有的人居無定所地過著安寧的日子，有的人卻在豪華住宅裏一輩子逃亡。我曾經也是一個嚴重的失眠患者，成宿成宿睡不著，我當時就想著：這麼痛苦，給我抱一堆金磚也沒有用啊。

那幸福感到底是什麼呢？其實幸福感就是一種感知幸福的能力。不信你把「幸福感」這三個字顚倒一下——感幸福。這種能力是由你自己內心所升起來的，如果你認爲你沒有幸福感、不幸福，就說明你自己感知幸福的能力有所欠缺，與外境一切人事物沒有關係。

知識是加法，智慧是減法。

要想提升感知幸福的能力，需要有一些「何必見戴」的精神。生在晉代的王徽之，正好就是這樣的人。王徽之住在山陰的時候，一天夜裏下大雪，他睡覺醒來，打開房門，叫左右備酒，環顧四周，一片潔白。他就起身徘徊，吟誦左思的《招隱詩》，忽然想起戴逵。當時戴逵在剡縣，王徽之就連夜乘了小船去拜訪他。船行了一夜才到，到了門口卻不進去，又返回山陰了。有人問他緣故，他說：「我本來是乘興而去的，現在興盡而回，何必一定要見到戴逵呢？」

還要適當做一個「閑人」，不要將生命看得太沉重，應該讓自己在忙碌的生活中，找到一份寧靜。梁實秋曾言：「人在有閑的時候，才最像是一個人。」

多接近大自然，在熱鬧的塵世裏，四季總不分明。可是在大自然中，空山靜謐，日日幽靜，山雨初霽，萬物爲之一新，在這樣的環境中，心會不由自主地閑下來。過去事能忘則忘，現在事能了則了，未來事能省則省。在你人生的劇本裏面，當好一個演員，在幻化的世界中好好地遊戲。

如果還能懂得感恩與求缺，感恩現在已經擁有的一切，而不是總想著外面還有更好的；並且把「求缺」二字深入骨髓，不貪求自己一個人把所有的好處都佔全（也是不可能的　老天都不容），你就會成爲這個世界上最幸福的人。

若要消除煩惱，便要增加智慧。

我們要讓自己安靜，而不是要世界安靜。

接納一切，方能療愈一切

我最初是以「失眠」入道的，所以對於失眠這件事我有足夠的發言權。應對失眠最重要就是：放下對睡眠的執著，接納失眠的事實，平靜地體驗失眠帶來的覺受。當你的內心不再抗拒的時候，慢慢地反而就睡著了。

三維空間的一切顯化都只是相，比如失眠、失戀、負債、被騙……這些相的共同點就是：它會給你帶來負面的覺受，這些覺受統一都會化作一股不舒服的感覺。

比如負債，它就是一個典型的相，通過這個相來讓你體驗「不舒服、焦灼」的感覺。其實這是你命運劇本裏本該顯化的負面印記，只不過是通過負債這個相來顯現，其目的是讓你體驗，你體驗完了，這個負債的相自然就消失了。相反，如果你非常抗拒，那麼只會延長你體驗的時間，這就是爲什麼有些人處於負債中一直走不出來，而有些人很快就能走出來的原因。

失戀也是一樣的，它也只是一個相，主要是爲了讓你體驗失戀其背後帶來的不舒服的感覺，你體驗完了，本次失戀的這個相就消失了，你曾經自己種下的某個負面印記也就消失了。

其他例如失業、被背叛、被穿小鞋……同理，也都只是相，其目的是讓你去體驗其背後帶來的不舒服的感覺。而這一切的發生也都是你命運劇本裏本該發生的，接納一切，方能療愈一切。

心懷恨意，本質上是自我傷害。

失去便是開始，開始便是失去。

什麼是眞正愛自己？

之前我有機緣和一位老先生聊天，當時老先生問在座的幾個人：「你們想把自己修成什麼樣？」我不知道大家是在搞笑還是怎麼樣，回答五花八門，有人說「我要修成張三豐」；有人說「我要儒釋道三家通修」；還有人說「我要成爲弘一法師那樣的人」……

這位老先生對這些回答沒有去評價，只是說了他自己的一個觀點，「你修行不就是爲了讓自己享受當下每分每秒的快樂嗎？哪有那麼複雜，大道至簡。」這句話感覺就是給我們幾個人上了一課，就好像我們這些人是走入了一個誤區，把這個「修行」想得很複雜，要做很多的事情。

然後當時身邊又有人問老先生：「怎麼樣才能快樂？」你們猜老先生

回答什麼?老先生說:「快樂就取決於你自己的一個念頭,你的念頭是快樂的,你看到的一切都是快樂的,哪怕你看到一坨屎,都是快樂的;你的念頭是負面的,你看到的一切都是負面的。」

原來快樂與不快樂就取決於自己的一念,就看自己能不能轉念調頻過來。天堂與地獄其實也就在於自己的一念,一念天堂,一念地獄。所以如果你是個很不快樂的人,實則是你自己的念頭不快樂,是你自己不讓自己快樂。

通過這個老先生給我的啓發,繼續引入一個更深的話題:「什麼是眞正的愛自己?」引用《次第花開》中的一句話:「讓自己快樂,並且擁有快樂的因;讓自己沒有痛苦,並且遠離痛苦的因。」內心的惡,就是痛苦的因;內心的善,就是快樂的因。

我們要想擁有更多快樂的因,就要盡量地使他人快樂,幫助他人消除

若能一切隨它去,便是世間自在人。

痛苦，盡量地去幫助別人。要把這種行爲當成自己的習慣，不管到哪里，都要想著怎麼去利益到這個地方的人；不管跟任何人接觸，都要想著怎麼去幫他、怎麼去利益他。如果你眞正能把這種思維模式調整爲自己的本能思維，那麼不管你到哪里去，都會受歡迎，誰都會喜歡你；不管你要做什麼事情，都會很容易成功。

在生活中很好執行，比如之前我出門散步的時候撿了一只三四個月大的貓，當時天太冷，我就直接把它帶回家了，然後又送到了一個愛貓人士的家裏，從此那只貓過上了吃香喝辣的生活。現在回想起那只貓過得很好，我心裏都覺得很開心。盡己所能多關愛那些可憐的動物，就是給自己種下了極其正面的種子。但行好事，莫問前程。

而遠離痛苦的因，就是不要作惡。不作惡分三個層面：

第一個，是你不要去做行爲上的壞事。

第二個，是你的念頭也不能做壞事。陽明先生說過：一念發動處便是行。比如你想去偷東西，即使你沒有偷成，但這也已經是給自己種下了一個「偷」的種子了，因爲你的偷心已經升起來了。

第三個，是清淨自己的心。畢竟陽明先生也說過：動氣便是惡。

只需把你的心稍作調整，當你捨棄了傷害他人的念頭時，你遭遇到的敵意將會變少；當你調伏了自己的心且非常寬宏大量時，許多人將會追隨你；當你棄絕了嫉妒與傲慢時，你所遭遇的詆毀將會變少；當你放棄了更多無效社交時，你的過失將會變得少些。

虛偽比無止境的欲望更可怕。

你在錯過一次次自我療癒清理的機會

有一天你安靜的坐在辦公室裏，然後有一個同事突然說了一句話，你聽完之後，整個人就炸毛了。我問問你，是那個同事讓你炸毛的，還是你借著那個同事的那句話，顯現了你自己曾經的負面印記？也許你會說：「就是那個同事讓我炸毛的，因爲在他沒有開口之前，我整個人都還是好好的，所以就是那個人讓我不開心的。」

OK，按照你這個邏輯，如果說始作俑者眞的是那個同事的話，那他說的那句話，整個辦公室裏還有很多人都聽到了，爲什麼其他人沒有反應，偏偏你炸毛了呢？

此時此刻，眞相其實已經出來了，是那個同事給了你提示，讓你看到了你自己曾經的某個負面印記。怎麼理解？可以繼續深入解釋，就是在那個當下，你本該有一些負面印記顯化了，而那個同事只不過是配合你，把你自身本該顯化的那些負面印記給表演出來，僅此而已。以此類推，外境顯現的那些讓你看不順眼的人、事、物，他們的性質都和剛才那個同事是一樣的，主次要顛倒過來。

外境的顯現其實就如同一面鏡子，照亮了我們內在各種各樣的印記。內在莊嚴，外在莊嚴；內在清靜，外在清靜。我們看到的其實都是自己心裏有的，君子求諸己，小人求諸人。如果說我們臉上沒有污漬，那麼在鏡子中也是照不出來的，而鏡子中照射出來的那些負面印記，實則是在提示幫助我們清理療愈自己。

只要你看到外在有一個鬼，那就說明與之相對應你內在還有一個鬼，只要你內在還有一個鬼，那就是還有提升的空間。只有你自己內在所有的糾結

得失從緣，心無增減。

和煩惱全部都化解了，這個時候投射出來的世界才會圓滿，同時你會擁有眞正的安全感和強大的內心，無需外求。

我們已經錯過了一次又一次自我清理療愈的機會了，一次又一次地重蹈覆轍，接下來別再錯過了。保持覺知，不要被六根（眼、耳、鼻、舌、身、意）所轉，保持自己的內心平靜。

允許他人，如其所是

有一句話是這樣說的：「如果你在生活中有任何時候，感受到了負面情緒，一定是因爲你自己的思維方式出現了問題。」一開始我覺得這句話太絕對了，但隨著時間推移，我表示高度認可。而且，當一個人能夠對自己的思維方式開始保持覺知，並且願意試著去突破自己過往慣性的消極思維模式，主動去做提升，這才是眞正意義上精進的開始。

所以勇敢面對這個眞相吧，只要你現在還感受到痛苦，就說明你自己的思維方式出現了問題，要改變的只能是你自己，不是別人。

比如很多女生在婚姻裏受苦，最多的情況就是，你希望另一半是一個勤快的人，家務他也來承擔一些，可是他偏偏就是個天性懶惰的人。在家大多

窮則獨善其身，達則兼濟天下。

得之我幸，不得我命。

數時間他都是在床上躺著玩手機，於是你就生氣，然後字裏行間抱怨他，結果他還是沒有任何改變，於是你就很痛苦。再比如，你希望另一半是一個超級奶爸，希望他多關心孩子，把心思多放在孩子身上，可是他偏偏就達不到你的要求，於是，你每看他一眼都覺得不爽……

你有沒有發現，這些痛苦從本質上看，都來源於：你對另一半有要求。而他達不到你的要求，你就痛苦，這又揭示了一條眞理：有求才會有苦。

而你們已經相處這麼久了，你也該看透了，他就是那個死樣子，一直以來你也沒有改變他，而你自己還那麼痛苦。那麼現在乾脆換一種思維模式，換一種活法，不要再去要求他做到這樣，做到那樣了，不然這樣發展下去只會是他苦，你更苦，各種惡性循環，無限上演。

而是允許他本來的樣子！不再對他有所求，自己想要的自己去做，自己滿足自己，試試看，你會不會輕鬆很多……我可以做一個提前劇透：當你能放下對他人的執著，不再有所要求，事態反而會朝著更好的方向發展。

執著至愛會帶來悲傷，執著至愛會帶來恐懼。完全解脫貪愛的人，內心沒有悲傷和恐懼。

愛我的同胞，全宇宙是我的家。

允　許

允許他人，如其所是；
允許媽媽，如其所是；
允許爸爸，如其所是；
允許老公，如其所是；
允許老婆，如其所是；
允許婆婆，如其所是；
允許公公，如其所是；
允許同事，如其所是；
允許領導，如其所是；
允許老師，如其所是；

……

允許一切，如其所是；
一旦允許，當即解脫。

——小焓

最強顛覆思維：換一種活法，活出全新的自己

人最大的恐懼來源是對未來的擔心，要想徹底打破這種擔心，只能以毒攻毒。眞相是：你不必擔心任何事情，因爲一切都是超出你的控制之外，而且每個人最終的結局都是一樣的，就是死亡。

那既然一切都超出你的控制之外，就說明擔心毫無意義，那就意味著從當下開始你要顛覆過去的思維模式：從以前的看山是山，過渡到看山不是山，再過渡到看山又是山。

這種新的思維模式揭秘給你：從出生開始，你來到這個世界，記住，你只是來體驗的。而且從根本上來看，你什麼都無法眞正擁有，什麼都留不住，你也不需要證明什麼，更沒有什麼事是一定要實現的，你能做的，就是

不斷地嘗試、感受、收穫、放下……不斷地去體驗。

過去你承受了很多痛苦，是因爲你不知道你來到世界上只是一場體驗，於是你掉入了「相」中走不出來。比如你對某件事情特別執著，然後就開始在自己的大腦中編造故事，進而與故事糾纏，緊接著被故事捕捉，最後陷入痛苦無法自拔。而這些念頭拼湊起來的故事，本身卻沒有任何實質。

現在你已經了解了人生只是一場體驗，那麼來什麼你體驗什麼不就好了嗎？比如失戀來了，只是去體驗失戀；比如負債來了，只是去體驗負債……去體驗各種已知未知的一切，看看它能把你怎麼樣？

那有些人說，痛苦來了怎麼辦呢？答案是：去體驗痛苦，痛就痛，痛完就好了，都會過去的。再高級一點的方法：痛是痛，你是你，它痛它的，跟你毫無關係，你該幹嘛幹嘛就好了。

分享一個我自己的案例：有一次心痛的感覺來找我，好像是在我的心上開了一槍，我感覺自己心痛得要裂開了。那會兒我就告訴我自己，去體驗這個疼痛，它痛它的就好，我自己該做什麼就做什麼，或者我不想做什麼，就躺下休息。然後它痛它的，我自己繼續在電腦上寫稿子，沒有耽誤我任何。然後不知不覺，這個疼痛的感覺自動就消失了……

人生只是一場體驗，我們的心裏除了自我編造的故事以外別無它物。這些我們自編自導的人生戲劇創造並維繫著我們的身份認定：我是誰、我做了什麼、我能做到什麼、我做不到什麼……在沒有覺知的情況下，這些如走馬燈般永無止境的念頭會主導並局限我們的生命。

原來所謂的痛苦，只不過是自己的頭腦自導自演的遊戲罷了。明白之後，我們只要去體驗就好了，來什麼就體驗什麼。從此我們將不再害怕失去，那些從來沒有眞正擁有過的東西。

一個人的心胸，多欲則窄，寡欲則寬。

終極治癒：像禮物一樣出現在別人的生命裏

什麼樣的人是覺悟的人？一句話回答：「一個快樂無憂的人就可以被稱之為覺悟的人。」有人會反對說：「很多人都快樂無憂，難道他們都覺悟了嗎？」這裏注意下，我所指的「快樂無憂」，是一直保持快樂無憂的狀態，而不是凡夫的情緒無常。

那怎麼樣才能一直保持快樂無憂的狀態呢？經典上是這樣說的：「所有的痛苦，都來源於你只希望自己得到快樂；而所有的快樂，都來源於你希望別人得到快樂。」現在的人幾乎都顛倒了，我舉個例子：

一個團隊在招聘，有一個面試者各方面條件都特別好，團隊的人就想著在這個人入職後，怎麼樣去發揮他最大的優勢來助力團隊。當所有人都在思考這個問題的時候，這個團隊老大語出驚人，他說：「你們有沒有想過，我們怎麼樣才能最大化地利益到這個新員工呢？」然後所有員工都啞口無言。

這個案例有沒有啓發？現在人幾乎都是這樣的，遇到一個人、認識一個人，首先想著能從對方身上得到些什麼，或者對方能助力到自己些什麼。這就是「萬惡之源，痛苦之源」，你會有「求不得苦」，而眞相是顚倒過來。之後不管遇到誰、認識誰，我們首先想的，不再是「我能從對方身上得到些什麼」，而是「我能利益到對方些什麼」，這才是每個人眞正的快樂源泉。

從小到大我一直都沒什麼安全感，個性簽名都是：Nobody's Home。但是這幾年下來，我找到了安全感眞正的來源，我把它總結成了一句話：

隨著時光流逝，等過幾年，回過頭往前看，你會驚訝地發現，這些年下來，讓自己眞正有安全感的竟然是，自己曾經行過的善。

去吧！像禮物一樣出現在別人的生命裏。

人生中唯一不變的，就是什麼都在變。

與人交往的目的：
利益他人，而不是利益自己。
人心很敏感，
你是不是眞心利益他人，
別人都能感覺到的。

家人閑坐，燈火可親

活在緣分中，
而非關係裏。

孩子茁壯成長的最佳方法？

你告訴他們做什麼，
一點也不重要。
他們會觀察你，模仿你，
你做什麼，他們就跟著做。
因此你面對了最艱難的課題：
你必須以身作則，
行事合乎道德。

躺赚福报的秘密

有一種很好的積累福報方式，就是給別人推薦救人慧命的好書（本書便是^.^），只要有一個人在你的推薦下，看了這些書並踐行了，那麼這個人所產生的福德都會回流給你，因爲緣起在你。於你而言，這就是躺賺福報。

春節期間，有好多朋友都來問我怎麼孝順父母，我給出了一個全新的回答：「你好好行善積德，就是讓你的父母躺賺福報，有福報了，他們自然能安度晚年。」那又有朋友問了：「我好好行善積德和我父母躺賺福報有什麼關係？」

這其實和開篇提到的推薦善書的原理是一樣的。你是從哪里來的？是你父母把你生出來的，如果沒有你父母，哪來的你？所以啊，你的緣起在你父

真正的奢華，是內外兼修。

母，那麼你行善積德所產生的福報，自然就會在冥冥之中回流給你父母，於你父母而言，他們就是在躺賺你行善積德而來的福報。

因爲你的善行讓父母躺賺福報，你盡了大孝，那麼百善孝爲先，你又創造了更大的福報，這是一個極其良性的循環。再升一級，如果哪天你開啓了心性光明，成爲了修行的大成就者，那你的父母會因爲你的成就而被回流不可思議的功德利益。這是很多人都沒意識到的大智慧。

盡孝，就是讓你的父母躺賺福報，同時因爲你讓父母躺賺福報，你又給自己創造了更大的福報。

你早在不孝的邊緣，還不自知

財=德=孝，萬惡淫為首，百善孝為先，父母恩難報，所以不孝順父母談何福報？

那什麼是真正的孝順？也許有人會說這個問題需要討論嗎？但是我說，這個問題真的需要討論。現實生活中，太多人就是表面上在行孝，但實際上已經是在不孝的邊緣了，比如我自己就是一個典型的負面案例。有多少人以為給父母錢就是孝順，真的是這樣嗎？這種觀點，其實離真正的孝順還差得很遠。

那怎麼孝順呢？

王陽明先生給了我很大的靈感。

陽明先生在龍場悟道之後，就開始宣講他的「心學」，全國各地都會有他的學生來聽他講課。他的弟子徐愛，有一天結識了一個朋友叫傳鳳，這個傳鳳的終身志向就是孝順父母，但是他的能力沒辦法實現他孝順父母的志向，因爲目前他經濟條件很差。徐愛把這個傳鳳介紹給了王陽明，陽明先生就跟傳鳳講了自己的「心學」，傳鳳表示非常認可，就開始回家學習。可鑽研了一段時間，他覺得不行，因爲離他孝順父母的遠大志向還差得很遠，所以他就放棄了。然後開始沒日沒夜地準備考進士，因爲他覺得只要考中進士，就可以讓父母過上好的生活。但是因爲家裏條件不好，吃不飽穿不暖睡不好，而且每天他在那邊學習，父母還要照顧他，結果全家人的身體反而都搞得病懨懨的。

有一天傳鳳見到了王陽明，陽明先生就問他說：「傳鳳啊，你把你自己的身體搞得病懨懨的，沒日沒夜地備考，你的父母還要照顧你，你覺得這是孝順嗎？」傅鳳有點不服，反問說：「難道我不考進士，不沒日沒夜地準備考試，這就是孝順了嗎？」陽明先生又說：「你把自己搞得病懨懨的，你的父母整天操心你，照顧你，你這又是孝順了嗎？」這個時候，傅鳳有點悟了，不講話了。然後陽明先生又補充了一句：「你狀態這麼差，能考中進士嗎？」傅鳳說不能，陽明先生又緊跟一句話：「你表面上在行孝，但實際上你已經在不孝的邊緣了。宇宙中最眞的孝就是不讓父母擔心，你知道了這個眞相之後，會知道該怎麼做的。」然後，傅鳳恍然大悟。

王陽明先生認爲的孝順，就是一門「不讓父母擔心的學問」。不讓父母擔心才是眞正的孝。你給了父母一大筆錢，但是他們整天還是心不安，你這就是孝了嗎？這個故事對我的影響實在太大了。

什麼是眞正的孝順？最後總結五個字：讓父母心安。

父母焦慮？你只是助緣

一位朋友學習聖賢文化之後，他覺得老祖宗的智慧太博大精深了，於是他想讓他的父母、親朋好友都跟他一起學。但是他的父母親朋壓根不睬他，也不理解他。這位朋友就感覺很困惑，甚至很煩躁：自己明明把這麼好的方法告訴他們了，他們學了之後也可以不焦慮不恐懼了，為什麼不學呢？

其實這個問題很典型，是不是很多人都想改變自己的父母親，讓他們不要再那麼焦慮恐懼，不要再整天擔心那麼多事情了，是這樣嗎？

也有很多人說不想讓自己的父親再喝酒抽煙了，也不想讓自己的母親再打麻將了，但是你會發現你說了沒用，他們該幹嘛還是幹嘛。

以第一位朋友為例，這位朋友無非是想讓他的父母親，通過學習老祖宗的智慧，改變自己，不要再那麼焦慮，但是他父母親不領情、不接受。爲什麼會出現這樣的結果呢？

每一個人都有自己的命運軌跡，要改變別人很難，卽使你的發心非常好，你很孝順，但是你依然改變不了他們。我反問一下，你從小到大應該也接觸過很多孔孟老莊的智慧呀，那個時候你怎麼不深入學習，不去踐行呢？直到今天看了我的視頻才開始鑽研？

因爲曾經的那個你，緣分沒有到，而現在的你開始深入學習，是你的緣分到了，而我對你來說是你的一個助緣。那麼同理，你父母親爲什麼現在不學呢？一樣的，他們的緣分還沒有到。

那父母親的緣分什麼時候會到呢？我給你指一條路，你只管修好你自己，不需要去操心你的父母、家人、朋友。你只管把你自己修好了，當你把自己修得有了質的改變之後，你的父母親會相信你，會靠近你，甚至會主動

人在愛欲之中，獨生獨死，獨去獨來。

死亡的到來，往往是不按常理出牌。

向你詢問。到那時，你就會成爲你父母親的助緣。

而現在的你，僅僅因爲父母親不跟你學習聖賢文化，就感覺到了焦慮煩躁，這說明什麼?說明目前的你，自己還沒有修好。

和家人一起，
在寧波阿育王寺
歡喜繞塔。

內在的高尚，其實遠遠勝過外在的光鮮。

最「缺德」的事，就是和父母較勁

一位智者說過：「人活在這個世界上，最大的福報就是父母親還在世。父母親在世，說明你最大的福田還在，如果說哪天父母親不在世了，那麼你最大的福田也就隨之消失了。」

父母本是在世佛，何須千裏拜靈山。分享一個故事：有一個和尚快成佛了，但是因爲他還活著，所以別人都叫他活菩薩，這個菩薩叫「無濟菩薩」，非常出名。有個年輕的小夥子聽說了這位無濟菩薩，激動得不得了，想著要趕緊拜他爲師。於是就跟母親說要去拜師，求道以後再回來，母親答應了。小夥子在拜師的路上正好碰到了無濟菩薩，但是他並不認識眼前的人就是他要找的菩薩。

無濟菩薩問他：「你要去哪兒啊？」

小夥子說：「我要去拜見無濟菩薩。」

無濟菩薩聽了沒有承認自己就是，反而反問了小夥子一句：「你找菩薩做什麼？你要找菩薩還不如直接去找佛祖。」

小夥子反問：「眞的有佛祖嗎？」

無濟菩薩回答：「有啊，佛現在就在你家。」

小夥子又激動了：「天呢，佛什麼時候去我家的？」

無濟菩薩說：「佛不知道你出來了，就去了你家，你們擦肩而過。我告訴你回家哪里找佛，你回家看到有一個人披著一條毯子，鞋子反穿的，就是佛。」

小夥子聽完心裏非常高興，便趕緊回家。一敲門，發現母親給自己開門時，衣服都沒穿好只是披了條毯子，而且因爲著急開門，鞋子都穿倒了。小

痛苦是從心而生，故也可從心而滅。

夥子頓悟，原來父母就是佛。

中國聖賢文化三大體系都是以「孝」入道，沒有孝，你無法進入眞正的道門。但我非常慚愧，因爲之前我幾乎是一個常年處於「虧孝」頻道的人，從小到大還喜歡跟父母親較勁，傷了父母親的心。那我這麼「缺德」的人，境遇能好嗎？實際上，我的境遇一直都不太好，幾乎常年處於水逆的狀態。「諸事不順，皆因虧孝」這句話我算是體會得明明白白。

《病由心滅》這本書也講過：爲人子女，千萬不要跟自己的父母親去較勁，跟自己的父母親較勁，就是給自己挖了一個最大的坑。爲什麼這麼講？因爲父母親是你最大的福田，你放著你最大的福田不去播種就算了，還要跟你最大的福田去較勁，所以你哪會有什麼好果子吃？而且跟父母親較勁的後果，比你跟其他人較勁的後果要嚴重得多，因爲父母是VIP對境。

從能量守恆定律來看，你曾經跟別人較勁，讓別人產生了不舒服的感覺，那麼能量守恆，之後就會出現一個人跟你較勁，給你帶來同樣不舒服的感覺。比如說，你從小到大喜歡跟你的父母親去較勁，那麼有可能以後你結婚了，你的老公就會來跟你較勁，給你帶來同樣不舒服的感覺。即使你的老公不跟你較勁，那麼你的孩子就會跟你較勁，不是你的孩子也會有其他人……

最近幾年，我明顯感覺到父母親年紀大了，又想到他們總有一天會離開我的，不可能會陪伴我一輩子，我內心有一種無法言說的感覺，好像一切都放下了。還較勁什麼呢？還怨什麼呢？

大仇未報，結爲夫妻

夫妻間的關係，自古以來，很多詩詞都有形容，其中倉央嘉措有一句詩我特別有感受：若無相欠，怎會相見。不禁感慨，確實很多時候，我們身不由己。

當各種因緣具足，有些事情你不想經歷，也得經歷，這卽是緣起則聚；當各種因緣消散，你想留也留不住，這卽是緣滅則散。婚姻這件事情也是如此，其實你並沒有選擇權，唯一有選擇權的人，是那些聖者，但奈何我們都是凡夫。所以不要期待姻緣，也不要抗拒姻緣，當業風吹起時，緣分就會出現。

我今天也感慨一句，90%以上夫妻關係的本質實則是八個字：大仇未報，結爲夫妻。聽起來挺消極，但當你從這個角度去理解婚姻關係，就可以很好地「向內求、不怨人，反求諸己」。外境一切人事物都是自己內心的投射，投影源是自己，所以一切的根源都在自己，要想改變投影，只能改變投影源。老公就是你的投影，他是由你自己這個投影源所投射出來的。一切顯現不來源於事物本身，皆來源於我曾經的印記。

所以要想改善夫妻關係，有智慧的做法是懺悔自己與之相對應的印記，與之相對應的印記改變了，投影才會改變。關於懺悔，我推薦「夏威夷療法」，你可以在腦海中觀想另一半的臉龐，然後發自內心地對他懺悔，心裏默念：「對不起、謝謝你、我愛你、請原諒我。」發自內心地不斷重複，重複多久根據自己當下的情況卽可，沒有特別要求，但時間長一點當然更好些。這個方法也可以運用到其他任何關係中。

婚姻是你一個人的事情，與其他人無關，你自己修好，你的婚姻就會變

其實，幸福的根本是心。

好。只有你內心當中有快樂的種子，你才能夠在任何人事物裏感受到快樂。任何人事物其實只是一個助緣、一個條件，能不能感受到快樂，還是取決於你自己有沒有快樂的種子。

如果你跟伴侶或朋友之間，一開始是挺快樂的，但是後面越來越痛苦了。這是因爲你以前的快樂的種子用完了，又沒有繼續去種下新的快樂的種子，而種下的都是痛苦的種子，那當然你只能感受到痛苦了。

所以要想保持長久的快樂，就要不斷地傳遞正能量，不斷地在一切敬田、恩田、悲田中去種下快樂的種子，這樣更多的和諧、快樂才會在未來源源不斷地回流給你。

當空性遇到眞愛

從空性思維來看，夫妻間相處很重要的一條就是：受了受了，一受就了。若是受而未了，那麼接下來就會沒完沒了。

如果你的伴侶對你發火，按照慣性思維，你要生氣了是不是？

但是現在有了空性思維，你要這樣想：我必須要解決伴侶總是對我發火的問題，我不希望總看到一個對我發火的伴侶。如果這次我生氣的話，我又重新種下了生氣憤怒的種子，那麼過不了多久，這顆憤怒的種子顯現了，我又會看到一個對我發火的伴侶，沒完沒了。因爲我不希望再看到一個對我發火的伴侶（果實），所以我本人必須停止種下新的生氣憤怒的種子（播種），當下我就要改變我自己，我自己不要生氣！而當我不再生氣，就意味

凡是被「無常」籠罩的事物，皆為苦。

著我不再播下新的生氣的種子，那麼我的生活就會減少與之相對應的果實再顯現。而我很久之前生氣種下的壞種子，因爲這次伴侶對我發火，但我沒有動氣而完美地消掉了。那麼接下來，類似的負面種子，來一個消一個，我的世界就會越來越清淨。

可能有人會反對：「我應該讓他們看到我的憤怒才對。」這樣的話，你又重新走回老路了，別人罵你，你就罵回去，這又給自己種下了動氣的種子，那麼接下來有可能在你某天下班回家的路上，有人莫名其妙地對你發了一通火，或者某天回到家你老公無緣無故對你發一頓脾氣……

一切人事物沒有不是從因果中來的，受了受了，一受就了。逆事來了，若能不動於氣地受過去，自然就了了。若是受不了，心裏含有怨氣，那這些事表面上雖已過去，但將來必有逆事重來，正是因爲曾經受而未了的緣故。

只有你自己停止動氣，斷掉動氣的種子，你的工作、情感、生活才會眞的越來越清淨。

珍愛生命，遠離秀恩愛

亢奮，是極其損福的事情，你只要亢奮了，很快就會出現一件事來平衡你之前的亢奮，你爲什麼事亢奮，最終就會爲什麼事悲傷。亢奮對人的傷害是非常大的，我自己就深受其害，所以現在不管遇到什麼好事或不好的事，我都會提醒自己：平靜，平靜，平靜。

現在有一種情況很普遍，也可以稱之爲「愛情激動」，常見的表現方式就是「秀恩愛」，恨不得把自己的幸福給直播下來公諸於衆。你可以觀察一下很多名人，那些愛情特別風風火火的，最終能好下去的有幾個？名利的代價是很大的，活在光環下的人本身就要兌現大量的福報，戀情再被曝光，甚至去秀恩愛，那……

道德是永遠的，而財富每天都在更換主人。

名人沒辦法，而我們素人是可以避免的。所以我個人非常不建議秀恩愛，也許短暫的秀恩愛會給你帶來一些滿足感，但是這些滿足感都在暗中標好了價格。

還有一種變相亢奮的方式，就是在人前誇耀自己的另一半或者孩子。你別忘了老祖宗的提醒，「誇」字怎麼寫？大+虧=誇。是的，要吃大虧的。如果總是在人前誇丈夫（這裏偏指炫耀），最終他做的事情可能會讓你抬不起頭；如果總是在人前誇孩子（也是偏指炫耀），孩子接下來的發展可能會脫離你誇讚的方向，自然力講究平衡。

一個真正聰明的人，是不會表現得很聰明的，但凡有聰明馬上要表現出來的，那都是小聰明，而真正的大智是若愚的。當一個人看起來非常聰明，不懂得含蓄，那也不過如此。

一個深藏不露，懂得隱藏的人才能做大事。智者寡其言，慧者養其神。

驚覺！在婚姻中覺醒

這麼多年了，你已經清晰地意識到了：在你一次又一次痛苦的時候，另一半不但沒有給予你任何你想要的關懷，反而是一次又一次加重了對你的精神刺激，在你的傷口上撒鹽，你的心痛了一次又一次，每痛一次，痛苦不但沒有減輕，反而加重了。但因爲種種原因，你跟他還要繼續關聯、牽扯，哪怕分開，你又會覺得不甘心，會遺憾。還有更加可笑的是，即使他已經把你傷害得很深很深了，給你帶來了各種痛苦，可是你會發現，即使這樣，你還是離不開他。

其實你當下遇到的另一半，並不是偶然，而是你生命中的必然，他也是由你自身福德能量場匹配而來的，不會有任何錯漏。

心術不善，縱有才學何用？

你對他發泄各種不滿的情緒，實則是對自己的不滿，不滿自己的無能、不滿自己的沒有主見、不滿自己的痛苦。你把對方當成了自己的發泄對象，你對他各種發泄，最後筋疲力盡，結果你還是會驚訝地發現，他竟然沒有任何改變。這實則是你自己看不清眞相，用錯了方式。

而眞相是我們每個人都只能通過改變自己，調整自己的能量場，提升自己的福德，從而影響、轉化出現在我們生命中的所有一切人事物。只有認清這一步，才是在婚姻中覺醒的開始。當有一天，你通過自我提升，讓自己的內核得到穩固，並且擁有快樂的能力，成爲一個內心眞正完整的人。那對方於你而言還重要嗎？

過去另一半的一些行爲語言會影響到你，讓你焦慮、不安、痛苦。而現在，他無論說什麼話刺激你，做什麼不靠譜的事，都無法激起你的情緒反應，你依然氣定神閑，安住自己的心，自己賦予自己情緒價值，因爲你本身

就是情緒價值。對方是否改變已經不重要了，因爲你的心已經不會再痛了，
更加不會因爲他而讓自己的情緒大喜大悲。

反正已經這麼苦了，乾脆代所有人受同樣的苦吧！

跟我一起發願：

願所有女性，
因婚姻不幸福帶來的痛苦，
讓我來取受。
願將幸福和諧歡樂奉獻給，
所有在婚姻中受苦的女性。

世間萬事萬物，其實都是陰陽並存的。

父母如何正確地愛孩子？

弘一法師出生於一個天津鹽商家庭，家境非常富裕，但是從小他的父親爲了給他正向的指引，在家裏面貼了一副大字：

惜衣惜食非惜財，惜福也。

什麼意思？珍惜資源不浪費，不是心疼錢，而是珍惜自己的福報。

沒錯，我們每個人都是帶著福報來到這個世界上的，人世間的一切住用享受都是在消耗福報，那這些福報用完了怎麼辦呢？所以，要省著點用。

而現在的家長，美其名曰「愛孩子」，一切都給孩子最好的，孩子要一個玩具，恨不得買十個，衣服鞋子都要名牌，不能輸了面子。但其實這不是愛孩子，是愚癡。你把孩子的福報過早地消耗了，他長大了怎麼辦？一切都是福報的變現，孩子長大沒福報了，你讓他變現什麼呢？所以，正確愛孩子的首要條件，就是珍惜孩子的福報。勤儉節約，未有不興；驕奢倦怠，未有不敗。

有些家長會走另一個極端：「孩子還是得窮養，一切以最低標準。」這又偏激了，沒有這個必要，「致中和」就好。因爲福報的原理就跟儲蓄卡一樣，是可以充值的。「行善積德」就是充值福報。所以，家長要從小教孩子培植福報，去做善事，一福壓百禍。先學道，後學術，先要培養人格，然後再學習文化知識。

還有一個眞相裏的秘密，你想讓自己的孩子好，很簡單，你就要拼命對別人的孩子好。別人家的孩子，就是你最好的「業力夥伴」。尤其是那些可憐的孩子，比如孤兒、留守兒童、生病的孩子、上不起學的孩子……去拼命對他們好，這是一種雙贏行爲。別人家的孩子被利益到了，同時因爲你的精

人間亦有揚州鶴，但泛如來功德船。

准播種，最終會加倍回流給你自己的孩子！

以下分享育兒四目標：

1 首先，這個孩子能夠做到不故意傷害一切生命。

2 要讓孩子成爲一個快樂且寬容的人，對自己的生命負責任。（培養孩子快樂的能力，這樣他以後不管走到哪兒，不管遇到什麼，都知道怎樣自得其樂。學會寬容，能容納別人的不好，也能容納自己的失敗，容納生活的挫折和苦澀，這樣他才更容易擁有獨當一面的能力。）

3 孩子能夠在力所能及的範圍內利益他人，對社會、對世界作出正面的利益和奉獻。（愛孩子是培養他們的志向，讓他們獲得一種力量，引導他們獲得智慧，讓他們在將來能夠面臨所有的困難。父母親終究要學會放手，讓孩子自己走上人生的道路。）

4 擁有內在平和的能力。（人與人之間的終極核心競爭力，其實是內在的平和，誰能夠把控自己的心，誰未來就會有更強大的力量去面對困難。）

弘一法師家訓：
惜衣惜食非惜財，惜福也。

做義工！孩子成才的秘密

現在人之所以焦慮痛苦，根源問題其實是王陽明說的「私欲太多」，這四個字完全可以對應所有的情緒焦慮問題，那怎麼辦呢？先生回復：「去一點私欲。」那怎麼去一點私欲呢？答案：為人民服務。

最落地的方法就是邁出去做義工。有很多厲害的人，都在世界各個角落默默地為人民服務。不要小看去做義工的善舉，這種美好的善行，常能帶來意想不到的回報。就算沒有任何回報，也能帶給我們心靈上的滿足，而這種滿足，是再多錢也買不到的幸福感。

我社區有個大姐，她從不過度管教她的兩個孩子，大兒子從來不補課，結果經常是重點中學年級前五名。小女兒學習自覺，繪畫天賦異稟。大姐是

們帶去母愛，結果回流到自己身上，是自己的孩子各方面都優秀，不用操心。

還有一個朋友，她兒子上初中，說是抑鬱了，怎麼樣都不肯去上學了，家長頭疼得不行，後來經人指點，說帶孩子去寺院做義工，能提升孩子的慈心，慢慢會好很多。這個家長就在家附近找了一個寺院，帶孩子去做義工，結果義工點的人都非常和善，帶著這個孩子做這個做那個，最後這個孩子成了義工點的小能人，還帶領新的義工打掃、膳食……沒過多久，也自願回學校好好讀書了。

還有朋友在義工點，找到了三觀一致的人，最後發展成了結婚對象……

如果有時間，要邁出去做義工，實打實地爲人民服務，希望你們在各個義工點，開啓新（心）的旅程。

我們的命運一直掌握在自己的身語意裏，從來不在別人的嘴巴裏。世界上所有的驚喜和好運，都是你積累的溫柔與善良。人品，是人世間的最高學歷。

發怒的時候，學會緊閉自己的嘴。

留財於子孫，子孫未必能守。
留書於子孫，子孫未必能讀。
不如積陰德於冥冥之中，
此乃萬世傳家之寶訓也。

小焓精選・百問百答

惟善為寶，
惟謙受福，
惟德動天，
唯吾知足。

春有百花秋有月，
夏有涼風冬有雪。
若無閑事掛心頭，
便是人間好時節。

小焓精選・百問百答

1 問：「聽說助人為樂會介入別人因果，那怎麼辦啊？」

答：除非你有預知別人未來的能力，不然你的那些「助人為樂」根本談不上介入別人因果，你想多了。記得：但行好事，莫問前程。

2 問：「感覺很虛，整天氣力不足怎麼辦？」

答：拋開謹遵醫囑，補氣的根本方法是大氣，氣量大者氣自足，心若至善體純陽。

3 問：「沒結婚是不是沒福報？」

答：不能看表面，要看你自己的內心，有福者樂，無福者苦。沒結婚你內心是快樂的就是福報，反之，結了婚內心痛苦，這又算什麼？

4 問：「中西方智者講的內容是一樣的嗎？」

答：是的，所有智慧包括東西方文化，都在用不同文字表達同一個意思，那就是善用其心、止於至善、止於無我、止於利他。無我利他時，業力無附著點，業消慧增，人生正旋。

5 問：「爲什麼懺悔了之後會有一些反應啊？」

答：你在打掃房間的過程中，是不是會有一些塵土飛起來？而當你把房間打掃完了之後，這些塵土也就落下來了。我們人的內在清理也是如此。

6 問：「爲什麼古人說女子無才便是德？」

答：女子無才便是德，這個「才」，指的是小聰明，這個「德」，指的是大智慧。這句話的眞正含義是，女子不能夠只學一些小聰明、斤斤計較、要心機的本領，用現在的話叫「綠茶」，女子眞正要學的是大智慧。因爲一個人學了小聰明以後，只會離眞道越來越遠。若沒有智慧的容器，知識越多，越自以爲是，越我執，最終越痛苦。

7 問：「正義也許會遲到，但永遠不會缺席，這句話怎麼理解？」

答：如是因，如是果。宇宙規律不以人的意志爲轉移。但中間會有個時間差，和種地一樣。

8 問：「不管做什麼總是愛擔心怎麼辦？」

答：只要動機至善、行事至善，就無需擔憂結果。

9 問：「到底什麼是正念，怎麼正念？」

答：正念的初步養成其實非常簡單，就是不論你在做什麼，只要清醒地知道你在做這件事情就可以了。

10 問：「如何看待一個有心計的人？」

答：如果一個人工於心計，也不乏才能技術，但卻沒有德行，那這個人往往是危害最大的。

11 問：「看言情片或小說真的不好嗎？」

答：是的，沉迷於言情劇、言情小說會加速消耗情感這一塊的福報，而且會加重情執。

12 問：「怎麼樣才能有安全感？」

答：得到「安全感」的方法，就是你必須要清晰，根本沒有一種叫做「安全感」的東西。如果一定要說有的話，那就是每個當下的「致良知」。

13 問：「怎麼樣才能遇到貴人？」

答：成全別人，做別人生命裏的貴人，種下貴人的種子，你的貴人才會出現。

14 問：「想要孩子總是要不到怎麼辦？」

答：首先謹遵醫囑，其次有空了去幼稚園門口發人偶娃娃玩具，想要男孩就發男娃娃，想要女孩就發女娃娃，多多益善。

15 問：「如何獲得巨大的靈性提升？」

答：1%靠別人提醒，99%靠千刀萬剮。

16 問：「如何面對很暴躁的人？」

答：本是同樣人，何來張三客。物生吾心頭，不入卽無我。

17 問：「不是要利他嗎？爲什麼還有古人說『人不爲己天誅地滅』？」

答：人不修爲自己，天誅地滅。才是這句話的眞正含義。

18 問：「什麼是真正的快樂？」

答：心安。

19 問：「情商最高的行爲是什麼？」

答：對熟悉、親近的人依然能保持尊重和耐心。經常認可別人，並向別人豎大拇指。

20 問：「你覺得人最重要的品質是什麼？」

答：專注、慈愛和寧靜。

21 問：「情緒來了怎麼辦？」

答：覺知到它來了就好，就像看潮起潮落，看到就好，不要跟隨、咬著不放。

22 問：「你的養生之道是什麼？」

答：養生之訣，不過一靜，老子清淨，莊子逍遙，唯清淨而後逍遙也。

23 問：「如何看待痛苦？」

答：不要只看痛苦消極和傷害的一面，要去看它帶來的人生轉機和使人更加積極、成長的一面。痛苦的價值，是讓人堅強和勇敢。其前提條件，是看清它的本質。

24 問：「如何放下對一個人的恨？」

答：風吹梁上瓦，瓦落破我頭。我不怨此瓦，此瓦不自由。

25 問：「如何提高工作效率？」

答：完全專注於當下，以輕鬆、寧靜以及淳樸的態度完成每一件事。

26 問：「如何在煩惱中保持自在？」

答：保持覺知，做煩惱的觀察者。練習觀察煩惱的起落，當我們對煩惱升起的程式和步驟越來越清晰，才比較有機會對治煩惱。

27 問：「什麼是隨緣？」

答：隨緣並非什麼都不做、一味等待老天安排，而是全心全意的付出，對結果卻不太在意。所以，隨緣是洞徹萬法的智慧，而不是一種消極逃避的心態。

28 問：「你分享過最火的內容是什麼？」

答：幾年前分享過一篇謝霆鋒貴人陳朗的臨終遺言，雖不確定真僞，但內容具有很大的參考性。以下分享：

1　我爲什麼要幫助你們，是因爲你們可以幫助更多的人。

2　其實你們這些有錢人，不是一生修來的福，都是多生累世行善積德、孝親尊師、普濟衆生，才能有現在這些福（財富地位）。

3　現在很多人走錯路，想用些手段、權勢或現代知識技術來賺錢，那是因爲他們不知道這些都只是緣，眞正的還是自己要有因（行善積德，孝親尊師，普濟衆生）才行，如果沒有因，我也幫不上忙。

4　我現在爲什麼要來受苦（指到香港做了三次手術受盡痛苦），雖然我是好意，幫助你們改變了緣，讓你們早點成功，可以多幫助些人，但這終究是違背了天道，還是要受上天懲罰，天自有他的道理。

5　要成功，除了自己要有種因（福德），還要有好緣。中國人講的「和氣生財」是幾千年累積下來的智慧，待人要誠心正意、和顏悅色，才能結「好人緣」，以後就是這些人幫你成功的。千萬不要財大氣粗，心高氣傲，這是會損福的，《易經》

中的「滿招損，謙受益」就是在說這事。

6　做生意要走正路，自己有種因（福德），成功是早晚的問題，福種得厚，緣自然就來得快，急不得。走正路（做生意正正當當、規規矩矩）也是在造福，立一個好的榜樣讓人學習，這種福也不是幾個億可以計算的。千萬不要想走歪路，否則福損得很快，命中本來有萬億的福，走歪路，減損成幾十億，自己還以爲成功了，沒想到將來還要受造惡的果報，實在得不償失。

7　現在世道很壞，大家爲了求名、求利不擇手段，問題還是出在沒有聖教（聖賢教育），廉恥沒有了，更不要說仁義道德。你們這些人，如果想要世世代代保有富貴，最重要的還是要把聖教（聖賢教育）給提倡起來，人人有廉恥，人禍就少了，人禍少了，天災自然就減了。

8　你們這些人的影響力大，建些好學校，培養些好老師，把這事（聖賢教育）做起來，中國安定了，世界各地自然就來學習。做這事，是種現在世上最大的福，行最大的善，誰來做誰就得利，世世代代得大富貴。

29 問：「分享三首撫平人心的音樂？」

答：黃慧音《慈經》、楊青《半山聽雨》、巫娜《靜水流深》。

30 問：「為什麼說外面沒有別人？」

答：你變，世界就變；你不變，世界就不變。

31 問：「怎麼觀察一個人是否真的有福？」

答：水深則流緩，人貴則語遲。

32 問：「怎麼跟比自己優秀的人相處？」

答：我的经验告诉我，相比学习更多的沟通技巧，展露真诚也许会更好些。

33 問：「怎麼樣才算是成長？」

答：當你過往的觀念崩塌重建的時候……

34 問：「什麼是慈悲？」

答：無論傷害發生在誰身上，你都能感覺到疼，而不是慶倖不是自己。

35 問：「如何徹底擺脫對未來的焦慮？」

答：焦慮的背後，是對「確定性」的妄想，是對「控制」無休止的渴望。當你體悟到，並「確信」這些和合的因緣不可能保持「恆常不變」時，就能擺脫焦慮。（無常）

36 問：「怎麼遇到明師？」

答：你必須要有很大的福德，才能遇到那個喚醒你的明師。

37 問：「為什麼現在的孩子有那麼多問題？」

答：很大一部分原因是福報被過早消耗。慣子如殺子。

38 問：「如何放下對孩子的焦慮？」

答：他只是經由你的母體來到這個世界上，而他本身有他自己的人生劇本。

39　問：「怎麼樣讓自己的孩子好？」

答：拼命對別人的孩子好，多關愛那些孤兒、留守兒童、上不起學的孩子……有智慧的人都在這麼做。另外，可以將孩子的紅包拿去做慈善。

40　問：「怎麼看待老人過大壽？」

答：如果是大擺宴席的話，是消耗老人福報的，所以簡單一點會更好。給孩子過生日也是同理。

41　問：「爲什麼說吃虧是福，而現實生活中那些吃虧的人也沒見得有福？」

答：如果在吃虧面前是平靜、不嗔恨的，那麼吃虧必然得福，只不過是滯後給你。反之，則不是。

42　問：「爲什麼有人總是感召負能量？」

答：正氣不足，沒有德行。

43 問：「你對現代女性的忠告是什麼？」

答：溫柔終有益，強暴必招災。

44 問：「對飲食有什麼建議？」

答：提高素食在三餐中的比例。

45 問：「推薦一種理財的方法？」

答：將每個月收入的10%用來行善積德。再多一點當然更好，根據自己心量決定。

46 問：「你認爲的吉祥是什麼？」

答：寧靜無煩惱和遠離愚癡人。

47 問：「爲什麼要寬恕別人？」

答：其實寬恕別人，跟別人關係並不大，關鍵是放過你自己。

48 問：「怎麼樣才能減少生活中的恐懼？」

答：當有一天你體悟到，生活中的大多數恐懼其實都只是自己嚇自己……凡是眞實的，不受任何威脅。凡是不眞實的，根本就不存在。

49 問：「你欣賞什麼樣的人？」

答：情緒穩定、不向別人倒苦水。

50 問：「段位高的人什麼樣？」

答：第一個段位的人，我是對的；第二個段位的人，沒有對錯；第三個段位的人，您是對的。

51 問：「怎麼看待情人眼裏出西施？」

答：並不是這個人眞的有多好，而是你的業力讓你覺得這個人有多好。

52 問：「爲什麼說智者不爭？」

答：是你的不用爭，不是你的，爭來還是禍……

53 問：「對戀愛中的女生有什麼建議？」

答：嚴格避孕，遠離墮胎。

54 問：「生活變好的跡象是什麼？」

答：當你的內心不再焦灼的時候，往往就是轉運的開始。

55 問：「如何看待死亡？」

答：時時可死，步步求生。

56 問：「怎麼樣才能生起真正的道心？」

答：心不死，則道不生。

57 問：「有沒有提升幸福感的小技巧？」

答：不管房子多大，都去置辦一個書房（書架）。

58 問：「有沒有最簡單的積福報方式？」

答：有。當別人低谷的時候，給予一句暖心的安慰，讓對方感受一些溫度。也許因爲你的一句話，對方就轉念走出來了。

59 問：「水逆的時候，怎麼樣快速翻轉？」

答：當你最苦的時候，也能升起利益他人的發心，這就是翻轉之道。

60 問：「人們常說的顯化是怎麼來的？」

答：種子（自己過去的善惡印記）+陽光雨露（外境一切人事物）=顯化（你當下的經歷體驗）。

61 問：「沒錢怎麼佈施？」

答：第一，隨喜他人的善行，爲之而歡喜。第二，經常觀想自己在施捨財務，幫助別人。第三，身體力行，去寺院做義工，主動幹髒活累活。

62 問：「推薦一部你最愛的紀錄片？」

答：朗達・拜恩《秘密》。

63 問：「如何理解波粒二象性？」

答：你未看此花時，此花與汝同歸於寂；你來看此花時，則此花顏色一時明白起來，便知此花不在你心外。色卽是空，空卽是色。

64 問：「減肥好難，怎麼樣才能長久瘦下來？」

答：去修心，減少對食物的欲望。

65 問：「很痛苦，怎麼樣才能快速清理過往的負面印記？」

答：當下受者是。

66 問：「怎麼樣才能更快想開點？」

答：這個層次的問題，很難用這個層次的思考來解決。要學會離相，跳脫眼前的困境，站在更高的維度來看待你眼前經歷的事情。

67 問：「父母不好，怎麼孝順？」

答：父母怎麼對你是父母的事，你怎麼對你的父母是你的事。

68 問：「爲什麼那麼多男明星陸續塌房？」

答：其中一個很重要的原因，是因爲他們沒有學習《壽康寶鑒》。

69 問：「被污蔑了怎麼辦？」

答：如果事態不嚴重，那麼一謗便罷。只要做自己內心循理的事情，就無需在意任何人的看法，因爲良知光明。

70 問：「別人欠錢不還怎麼辦？」

答：如果用盡一切方法都要不回來，那就徹底放下，心無掛礙。之後，天道會以你意想不到的方式回流給你。

71 問：「爲什麼說己所不欲勿施於人？」

答：你所有對外的行爲，最終都會加倍回到自己身上，無論好壞。

72 問：「有朋友找我傾訴情感問題怎麼辦？」

答：傾聽就好，不勸人離婚（分手），不然最終尷尬的是你，損福的也是你。

73 問：「如何面對別人的缺點？」

答：一個能夠接受對方缺點的人，才是沒有缺點的人；一個老是挑剔對方缺點的人，自己才是非常有缺陷的人。

74 問：「爲什麼你倡導少在朋友圈曬幸福？」

答：避免激發朋友圈人性中的惡，可以適當發一些真正利益他人的正知正見。

75 問：「爲什麼現在善終的人不多？」

答：善終需要很大的福報，而現在多數人福報不夠。

76 問：「哪句話曾震撼過你？」

答：當科學家費盡千辛萬苦到達彼岸，會發現先賢已在岸上恭候多時。

77 問：「遇到蠻不講理的人怎麼辦？」

答：化而欲作，吾將鎮之以無名之樸。走爲上計。

78 問：「如何獲得更多智慧？」

答：把你學到的智慧無私分享出去。

79 問：「別人發的紅包要收嗎？」

答：只要是如理如法的就可以收，欣然接納別人的好意也是一種心量的體現。

80 問：「如何在複雜的人際關係中避免傷害？」

答：只要你不起情緒，就不會受到傷害。你若不動，誰能動你。

81 問：「有哪些話曾經療愈過你？」

答：海靈格《我允許》。

我允許任何事情的發生。

我允許，事情是如此的開始，

如此的發展，如此的結局。

因爲我知道，所有的事情，
都是因緣和合而來，
一切的發生，都是必然。
若我覺得應該是另外一種可能，
傷害的，只是自己。
我唯一能做的，就是允許。
我允許別人如他所是。
我允許，他會有這樣的所思所想，
如此的評判我，如此的對待我。
因爲我知道，他本來就是這個樣子，
在他那裏，他是對的。
若我覺得他應該是另外一種樣子，

傷害的，只是自己。
我唯一能做的，就是允許。
我允許我有了這樣的念頭。
我允許，每一個念頭的出現，
任它存在，任它消失。
因爲我知道，
念頭本身本無意義，與我無關，
它該來會來，該走會走。
若我覺得不應該出現這樣的念頭，
傷害的，只是自己。
我唯一能做的，就是允許。
我允許我升起了這樣的情緒。

我允許，每一種情緒的發生，
任其發展，任其穿過。
因爲我知道，
情緒只是身體上的覺受，
本無好壞。
越是抗拒，越是強烈。
若我覺得不應該出現這樣的情緒，
傷害的，只是自己。
我唯一能做的，就是允許。
我允許我就是這個樣子。
我允許，我就是這樣的表現，
我表現如何，就任我表現如何。

因爲我知道，
外在是什麼樣子，
只是自我的積澱而已。
眞正的我，智慧具足。
若我覺得應該是另外一個樣子，
傷害的，只是自己。
我唯一能做的，就是允許。
我知道，
我是爲了生命在當下的體驗而來。
在每一個當下時刻，
我唯一要做的，就是，
全然地允許，

全然地經歷，
全然地享受。
看，只是看。

82 問：「怎麼樣能更快地提升自己？」

答：不要搞雙重標準。以恕己之心恕人，以責人之心責己。

83 問：「爲什麼你翻轉得那麼快？」

答：首先我並不認爲我現在很好（不同階段的水逆依然存在），但如果你一定要這樣認爲，我可以告訴你一條，因爲我踐行得足夠猛烈！

84 問：「怎麼樣對別人放下嫉妒心？」

答：欲無煩惱須無我，各有因緣莫羨人。

85 問：「什麼是根器好的人？」

答：對於善知識，老實聽話照做。

86 問：「如何看待人生中的無常？」

答：應作如是觀。

87 問：「擔心別人搶我生意怎麼辦？」

答：每個人得到的都是自己福報的顯現。做生意只不過是一種顯現通道，而眞相是每個人經由這個通道，各自顯現各自的福報。所以，不存在搶生意一說。

88 問：「我幫了別人，結果別人賺錢了，我卻沒有，這是怎麼回事？」

答：你是別人的助緣。而他之所以能賺到錢，還是因爲他有「因」，不然你怎麼幫他也沒有用。而你沒有賺到錢，是因爲你沒有「因」或者你的「因」還沒有顯現。但你幫助別人的行爲，是給自己種下了助人的種子，這顆種子會在未來的某一天得到顯化。

89 問：「如何看待發願？」

答：欲成高不可及之境界，須發勢不可擋之願力。欲修妙不可言之心性，須下常人不及之功夫。

90 問：「如何在情緒中保持無爲？」

答：處在悲傷中而不悲傷、處在憤怒中而不憤怒、處在歡喜中而不歡喜、處在危險中而不危險……

91 問：「怎麼鏈接高能量？」

答：升起對祖先的感恩之心，發心報效自己的祖先，就可以得到祖先的「加持」，因爲你是行走的祖脈。

92 問：「最近你在修什麼？」

答：修「閉嘴」。少說無義語。

93 問：「生活中的有用功是什麼？」

答：提高利他的行爲在日常生活中的比例。

94 問：「如何反觀自己的修爲？」

答：觀察一下自己身邊遇到的人。

95 問：「修行好的人什麼樣？」

答：很單純，含德之厚比於赤子。

96 問：「失去了一次千載難逢的賺錢機會，感覺損失很大怎麼辦？」

答：眞相是你不會有任何損失。因爲只要是你的福報，沒有被變現，那麼它就一直還在你的福報「儲蓄卡」裏，誰都搶不走。比如你有一個賺錢的機會可以賺10萬，但是你放棄了，那你會損失10萬嗎？不會，而且你越是不去賺，它反而會不斷增長。所有的福報都是如此，你只要不去享受它，它就在不斷地增長；你享受了，它就沒有了。所以不用擔心你的福報不去變現就會消失或爛掉，你越不用，它越增長。

就好比一顆蘋果還沒成熟，你就迫不及待把它摘下來了，那這顆蘋果很可能又小又酸，而且吃完以後就沒有了，因爲種子已經兌現成果實了。而如果你不去摘它，等哪天這顆蘋果成熟了，照樣會掉到你頭上，不會掉到別人頭上。

在名利的道路上，你大可以鬆弛一點。如果你有福報，就一定會有果實，等它成熟的那一天，你被迫也得接受，不是你要不要的問題。

97 問：「看書沒記住是不是就白看了？」

答：看書本是爲了放下，又何必執著於一定要記住。你都過了河了，又何必背著個船？

98 問：「爲什麼有些人會對聖賢文化嗤之以鼻？」

答：上士聞道，勤而行之；中士聞道，若存若亡；下士聞道，大笑之。不笑不足以爲道。

99 問：「學了聖賢文化之後總有人借此道德綁架我怎麼辦？」

答：我反對一切道德綁架行爲，所有的善行都必然要在自己的心量範圍內，超出自己心量範圍內的事，一律沒必要去做。

100 問：「誰會是未來時空點的贏家？」

答：積德者贏，積德者勝。

你正在經歷的苦，
都是事上磨練的契機，
最終成就你一顆強大的心。

在你追求幸福自由的路上，有機會為你做點什麼，我很高興。

我要為此而努力，儘管我還在學習中，

有時會顯得笨拙和力不從心。

聖賢文化是完美的，但我不是。

如果我犯了錯，不要歸咎於聖賢文化，請呵責我。

如果有一天你對我失望了，你應該遠離我，而不是聖賢文化。